# 김 동 환

― 한 근대주의자의 행로 ―

오성호 저

건국대학교출판부

한 근대주의자의 행로

# 김 동 환

세계 작가 탐구(한국편) 〔009〕

찍은날 2001년 2월 20일 초판 찍음
펴낸날 2001년 2월 25일 초판 펴냄
지은이 오 성 호
펴낸이 맹 원 재
펴낸곳 건국대학교출판부
    주 소 : 143-701, 서울시 광진구 화양동 1번지
    전 화 : 도서주문 (02) 450-3893 / FAX (02) 457-7202
       편 집 실 (02) 450-3891~2
    등 록 : 제 4-3 호(1971. 6. 21)
찍은곳 용지인쇄주식회사

값 7,000 원

ⓒ 오성호, 2001

* 잘못 만들어진 책은 바꾸어 드립니다.
* 저자와의 협의하에 인지 첨부를 생략합니다.

ISBN 89-7107-273-3 04800
ISBN 89-7107-232-6 (세트)

파인 김동환(金東煥, 1901~?)

봄이 오면 산에 들에 진달래 피네
진달래 피는 곳에 내 맘도 피네
건너 마을 젊은 처자 꽃 따러 오거든
꽃만 말고 이 마음도 함께 따 가 주

— 〈봄이 오면〉 중에서 —

1931년 경성 본가에서, 첫째줄 왼쪽부터 2남 영창, 장남 영사, 둘째줄 왼쪽부터 처 신원혜, 모친 마윤옥, 김동환

1938년, 왼쪽부터 영식, 영사, 김동환, 영창, 영주, 신원혜

## 저자의 말

　필자가 파인 김동환과 처음 인연을 맺은 것은 1986년경으로 소급된다. 필자는 1920년대 민요조 서정시론의 형성과정에 관해 석사 학위논문을 쓰면서 처음으로 김동환과 인연을 맺은 것이다. 물론 이 논문에서 다룬 것은 김동환만이 아니었다. 또 시는 일단 젖혀 놓고 그가 쓴 평론, 그것도 민요에 관한 평론만을 다루었으니 사실은 인연이라고 하는 것도 좀 우스운 일인지 모른다. 하지만 어쨌든 이 인연 아닌 인연은 박사 학위 논문에도 희미하게 이어졌다. 그리고 이런 식으로 맺어진 파인과의 인연은, 이제 그의 생애와 시를 다룬 책을 내는 데까지 이어졌다.
　굳이 의도한 것도 아닌데 인생의 여러 국면에서 파인과 마주친 것은, 어쩌면 시를 공부하고 가르치는 필자의 직업상 별로 특별한 일이 아닌지도 모른다. 하지만 필자로서는 특별한 것이든, 사소한 것이든 필자의 연구 작업 과정에서 맺게 된 모든 인연을 소중하게 여기지 않을 수 없다. 일차적으로는 그런 인연들을 기반으로 해서 문학 연구자로서 필자의 삶이 지탱되기 때문이고 다른 한편으로는 그런 인연을 좇아가는 동안 삶과 글쓰기에 대해서 실로 많은 것들을 배우게 되기 때문이다. 그 중에서도 가장 중요한 것은 아마 글쓰기의 준엄함에 대한 배움일 것이다. 자기가 써놓은 글이 언젠가는 자신을 심판하는 증거가 되리라는 것, 다시 말하자면 글을 쓰는 일이 얼마나 두렵고 무서운 일인가 하는 것을 되풀이해서 배우게 되는 것이다.

한데 이 두렵고 어려운 일을 필자는 참으로 과감하게, 아니 더 정확하게 말하자면 무모하게 해치워 버렸다. 참고문헌과 선행 연구들을 충분하게 섭렵할 수 없는 상황에서 이 책을 쓴 것이다. 물론 중요한 참고문헌과 선행 연구들에 대한 검토야 글을 시작하기 전에 이미 끝낸 터이지만, 그것만 가지고 충분하다고 할 수는 없는 일이다. 글을 써나가면서 그때그때 보충하고 확인해야 할 것들이 좀 많은가? 그런데 여러 가지 자료와 메모들, 그리고 1/3쯤 쓴 원고를 입력한 컴퓨터 디스켓 하나와 머릿속의 구상만 믿고 덜컥 미국에 와 버렸으니, 그 이후 원고를 완성하기까지 필자가 겪은 마음 고생은 이루 말할 수 없는 것이었다.

변명을 하자면 한도 끝도 없을 테지만, 교환교수 생활을 하면서 밀린 원고 빚을 갚는 일은 결코 쉬운 일이 아니었다. 모국어의 환경에서 격리되어 있으니 우선 말과 글을 제대로 부려쓰기가 어려웠고, 불완전한 기억 때문에 수시로 불분명한 사실 관계를 확인하기 위해서 다른 분의 도움을 받아야 했던 것이다. 그뿐 아니라 여러 가지로 견문을 쌓고 재충전을 도모해야 할 시간에 원고와 씨름하지 않으면 안 되는 데서 오는 스트레스도 필자가 극복해야 할 대상 중의 하나였다. 그래서 부득이 약속한 시간을 몇 차례 어길 수밖에 없었다. 하지만 결국 미흡한대로 원고는 마무리를 지었고 책은 이제 나오게 될 것이다. 이 책에 대한 평가는, 아마 필자가 파인의 시와 삶에 대해 내린 것보다 더 가혹한 것일 수도 있겠지만, 순전히 이 책을 읽게 될 미지의 독자들 몫이다.

원고를 마무리하기까지 여러 분에게 신세를 졌다. 우선 선친의 생애를 꼼꼼하게 복원하고 모든 자료와 관련 논문들을 세심하게 정리한 파인의 자제 김영식 선생의 자료집이 아니었다면 필자로서는 아예 작업을 시작할 엄두도 내지 못했을 것이다. 더욱이 귀중한 사진 자료들을 선뜻 제공해 주신 데 대해 감사를 드리지 않을 수 없다. 하지만 필자가 제일 감사를 드려야 할 분은, 몇 차례 약속을 어겨서 출판 계획에 차질을 드렸음에도 불구하고 따뜻한 격려와 관심을 보여주신 건국대학교 주홍균 출판부장이다. 또 필자를 대신해서 여러 가지 사실 관계를 확인해 주었고, 원고 검토와 교정 같은 귀찮은 일을 마다하지 않은 서남대학교 유성호 교수에게도 마땅히 감사의 뜻을 전해야 할 것이다. 또 책의 편집을 맡아주시고 까다로운 교정 작업을 순순히 처리해 주신 건국대학교 출판부 임경희 선생에게도 감사의 뜻을 전한다.

## 차 례

■ 저자의 말 / 5

**1. 서 론 ——— 13**

**2. 김동환의 생애 ——— 23**
   (1) 김동환의 생애를 보는 관점 · 23
   (2) 부친의 부재와 가난의 체험 · 28
   (3) 교양의 형성과 근대적 개혁에의 열정 · 36
   (4) 언론인으로서의 활동과 문단 활동 · 45
   (5) 비범에의 꿈과 평범에의 인력 · 55

**3. 김동환의 시세계 개관 ——— 61**

**4. 서사적 충동과 서정적 충동의 갈등 ──── 75**

　　　　　(1) 서사적 충동의 단초 · 75
　　　　　(2) 변혁에의 열정과 서사시 · 88
　　(3) 서사적 충동의 약화, 혹은 절망과 위악의 포즈 · 127
　　　　(4) 급진주의로의 경사와 민요의 발견 · 134

**5. 현실에의 안주와 민요조 서정시 ──── 151**

　　　(1) 소박한 민족주의 이념과 민요조 서정시 · 151
　　　　　(2) 애정의 갈등을 다룬 소품들 · 156
　　　　　(3) 거짓 유토피아에의 갈망 · 164

**6. 김동환의 친일 행적과 친일시 ──── 175**

**7. 해방 후의 시와 현실인식 ──── 187**

**8. 결 론 ──── 197**

　　　　　■ 연보 및 연구자료 / 205

# 김 동 환

한 근대주의자의 행로

# 1
# 서 론

　김동환(金東煥; 1901~?)은 우리와 대단히 친숙한 시인이다. 아니, 어쩌면 이렇게 말하는 것은 적절하지 않을지도 모른다. 김동환이라는 이름과 관련해서 어떤 불쾌한 이미지를 떠올리는 사람도 있을 수 있고, 아예 김동환이라는 이름 자체를 기억하지 못하는 사람도 있을 수 있으니까 말이다. 그러니 표현을 좀 달리 하도록 하자. 김동환이라는 이름에 대해서 어떤 기억을 갖고 있든 간에 김동환의 시만큼은 우리에게 대단히 친숙한 것이라고. 말을 이런 식으로 바꾸면 이 말에 대해서는 쉽게 반론을 제기하기 어려울 것이다. 왜냐하면 시를 별로 좋아하지 않는 사람들, 혹은 조금 범위를 좁혀서 김동환의 시를 그다지 좋아하지 않는 사람들에게조차 김동환의 시는 아주 일상적으로 읽혀지거나 낭송되고 있는 것이 사실이기 때문이다.
　이 사실을 믿지 못하겠거든 가까이 있는 서울시 지하철역의 명시 감상 코너에 가 보거나 레코드 점에 가서 우리나라 가곡을 수록한 음반들을 확인해 보면 된다. 지하철역의 명시 감상 코너에서는 어렵지 않게 〈북청 물장수〉란 시를 찾아 볼 수 있고 음반에서는 〈봄이 오면〉이라든가 〈산너머 남촌에는〉 같은 낯익은 가곡들을 발견할 수 있을 테니까 말이다. 이런 정도니 한국 땅에 사는 사람들은 남녀노소를 불문하고, 또 시라면 지긋지긋해 하는 사람들조차도 거의 일상적으로, 혹은 '반강제적으로' 김동환의 시와 접하고 있는 셈이다.

게다가 수십 년 전부터 고등학교 교과서에 '우리나라 최초의 근대적 장편 서사시'라는 평가와 함께 『국경의 밤』(1925) 첫머리가 소개되어 왔으니(그 밖에 〈눈이 내리느니〉 같은 작품도 김동환의 대표작으로 흔히 다루어졌다) 고등학교 이상의 정규 교육 과정을 이수한 사람 치고 김동환의 작품을 접해 보지 못한 사람은 하나도 없다고 해도 과언이 아니다. 조금 과장해서 말한다면 '김동환=서사시인, 『국경의 밤』=우리나라 최초의 근대적 장편 서사시'는 온 국민이 공유하고 있는 상식이라고 해도 좋을 정도다. 이렇듯 문학에 대해 특별한 관심을 갖지 않은 사람에게 어떤 시인의 이름과 그의 대표작이 한 묶음으로 기억되는 예는 그다지 흔치 않다. 기껏해야 소월, 상화, 만해, 지용, 동주, 육사 정도가 겨우 그런 예에 해당될 뿐이다.

이렇게 보면 시인 김동환의 명성이나 그의 작품의 대중적 인지도는 실로 대단한 것이라고 아니 할 수 없다. 우리 근대 시사의 찬란한 별이라고 할 수 있는 소월, 상화, 만해, 지용, 동주, 육사 등과 거의 같은 반열에서 그의 이름과 작품이 거론되고 있으니 말이다. 물론 정확하게 말한다면 김동환과 그의 시가 지닌 문학사적 가치는 이들에 비해 좀 손색이 있는 것이 사실이다. 하지만 전문가가 아닌 사람들에게는 이 차이가 그리 중요한 것은 아닐 터이다. 그러니 일단 김동환과 그의 작품에 대한 기억이, 개개인의 문학적 기호와 상관없이 보통 사람들의 인문학적 교양의 한 부분을 이루고 있다는 사실을 강조하는 데서 그치도록 하자.

이 정도의 교양이 딱히 만족스러운 것이라고 할 수는 없겠지만, 그래도 일단은 대단한 것으로 평가할 수 있다. 매일매일 대중매체에 등장하는 연예인들 이름 기억하기도 쉽지 않은 마당에 자극적인 즐거움을 주는 것도 아니고 돈벌이에 도움이 되는 것도 아니며 처세에 도움이 되는 것도 아닌 한낱 시인, 그것도 문학사의 정상에서 한두 발자국쯤 떨어진 곳에 위치한 시인의 이름과 그의 작품이 이만큼 널리 기억되고 있다니, 이건 참 대단한 일이 아닐 수 없다. 주입식이다, 암기식이다 해서 말들이 많긴 하지만 때때로 우리나라 중·고등학교에서 이루어지고 있는 주입식 교육이 거둔 작지 않은 승리를 확인할 수 있는 순간이 있으니 바로 이런 경우가 거기에 해당된다.

하지만 문학을 공부하고 가르치는 사람의 입장에서 볼 때 김동환에 대한 사람들의 기억이 반드시 바람직한 것이라고 할 수만은 없다. 그 이유는 김동환의 문학적 궤적과 그 의미, 그리고 문학사적 위상이 대중들에게 정확하게 인식되고 있다고 하기는 어렵기 때문이다. 게다가 이미 알려진 낡은 지식이 더 진전된 새로운 지식에 대한 욕구를 가로막는 부정적인 역할을 하기도 한다는 점에서 보면, 대중들이 김동환에 대해 이미 일정한 지식을 갖고 있다는 것이 꼭 반가운 일이라고 할 수만은 없다. 차라리 김동환에 대해서 아무 것도 모른다면 새롭게 제공되는 지식과 정보들을 수용하기가 그만큼 쉽지만 이미 웬만큼 알고 있는 경우에는 기존의 지식에 대한 애착 때문에 새로운 지식들을 수용하는 데 보수적인 태도를 취하기 십상이기 때문이다.

물론 이렇게 말한다고 해서 김동환에 대한 기존의 지식들이 잘못되었다는 뜻은 아니다. 하지만 기왕의 지식들이란 그때까지 축적된 연구의 결과를 정리해 놓은 것에 지나지 않는 것이므로 항상 새로운 연구 결과들을 수용함으로써 수정되고 보완될 필요가 있다. 이 수정과 보완 과정은 기존의 지식을 좀더 폭넓은 연관 관계 속에서 살펴봄으로써 풍부하고 섬세하게 가공해 가는 과정이며, 이를 통해서 기왕의 지식들은 신선한 생기와 활력을 얻을 수 있기 때문이다. 김동환과 그의 작품에 대해서도 마찬가지로 말할 수 있다. 이미 알려진 지식들을 수정하고 보완해가는 과정을 통해서 김동환이라는 시인은 케케묵은 문학사 책의 한 귀퉁이에 매장된 미라가 아니라 우리와 함께 호흡하는 시인으로 되살아나게 되는 것이다.

김동환에 대한 글을 쓰면서 일반적으로 알려진 사실들을 다시 한번 거론하면서 이야기를 시작한 것은 이런 맥락에서였다. 김동환에 대해 우리가 알고 있는 대다수의 지식은 해방 이후 축적된 문학사 연구의 성과를 압축해 놓은 것이다. 하지만 그것은, 좀 줄여 잡아서 1980년 이후 축적된 연구 성과를 거의 반영하지 못한 '낡은' 지식이라고 할 수 있다. 이는 물론 그에 관한 기본적인 문학사적 사실(史實)들이 잘못 알려졌다는 뜻이 아니라 오히려 기본적인 사실들에 지나치게 집착한 결과 그 사실들 사이의 내적 관련성들이 소홀히 취급되거나 뒷전으로 밀려났다는 것을 뜻한다. 그런 점에서 김동환에 대한 '낡은' 지식은 그에 대한 연구 성과의 축적과 더불어 계속해서 새롭게 수정될 필요가 있다. 기존의 지식 위에 그의 작품과 문학적 생애에 대한 새로운 해석과 평가가 덧붙여지고 보완됨으로써 그의 시와 문학적 생애에 대한 좀더 풍부한 이해가 가능해질 수 있기 때문이다.

사실 김동환이 우리나라 최초의 근대적 장편 서사시인이라는 문학사 상식과 소박하고 애상적인 민요조 서정시인이자 많은 사람들의 사랑을 받는 가곡의 작사자라는 대중적 이미지들은 지금까지의 문학사 연구를 통해서 확정된 사실들에 기초한 것이다. 하지만 서사시와 서정시 사이의 장르적 거리, 그리고 김동환의 문학적 생애에서 서사시에서 서정시로의 장르 전환이 갖는 의미를 생각하면 이런 지식들이 단편적인 것이라는 평가를 면하기는 어렵다. 왜냐하면 그것은 우리 문학사와의 관련 속에서 해석된 것이 아니라, 그저 있는 그대로의 지식에 머물고 있기 때문이다. 따라서 그의 문학적 생애와 행적에 관한 기왕의 지식과 정보들은 문학사와의 관련 속에서 조명되어야 마땅하다. 이 글이 목표로 삼고 있는 것은 바로 이 부분이다.

물론 이 글에서 추구하는 것은 문학을 업으로 삼고 있는 사람들에게나 필요한 전문적인 수준의 이해는 아니다. 우리가 기대하는 것은, 김동환이라는 시인의 생애와 작품을 통해서 식민지라는 특수한 상황 속에서 전개된 우리 근대 문학사의 윤곽을 어렴풋하게나마 파악하고 더 나아가서는 그 허와 실을 독자 나름대로 정리할 수 있도록 독자들의 사고를 활성화시키는 것이다. 이를 위해서는 중·고등학교 시절에 습득한 단편적인 지식들을 체계화하고 종합할 수 있도록 독자들을 자극하고 안내할 필요가 있다고 생각한다. 다시 말해서 김동환에 대해 기왕에 알려진 지식들을 바탕으로 하되, 그것을 문학사와의 관련 속에서 재조명해봄으로써 독자들 스스로 김동환의 시와 문학사적 위상에 대해 다시 한번 생각해 보도록 만들 필요가 있는 것이다.

그렇다면 김동환과 관련하여 우리가 다시 생각해 보아야 할 과제는 과연 무엇인가? 이 질문은 사실상 이 글의 전체 내용을 함축하고 있는 것이어서 미리부터 털어놓고 얘기하기가 좀 어렵기는 하지만, 일단 앞으로의 논의 전개를 위해서 미리 간단하게 정리를 하고 넘어갈 필요가 있다. 김동환과 관련하여 다시 생각해 보아야 할 과제는, 크게 두 가지로 정리할 수 있다. 그 하나는, 그가 자신에게 과분할 정도의 명성과 문학사적 평가를 가져다 준 서사시를 포기하고 민요조 서정시로 나아가는 과정을 어떻게 보아야 할 것인가 하는 것이고 다른 하나는 민족주의자를 자처하던 그가 친일의 길로 나아감으로써 자신이 표방했던 민족주의를 스스로 배신한 것을 어떻게 이해할 것인가 하는 것이다.

우선 첫 번째 과제에 대해서 좀더 친절하게 설명하자면 이렇게 말할 수 있을지 모른다. 김동환의 시에 대해서 그다지 탐

탁한 평가를 내리지 않는 사람조차도 김동환을 쉽게 무시할 수 없는 것은 바로 그의 장편 서사시들 때문이다. 그러나 김동환은 이내 자신에게 명성을 가져다 준 서사시 창작을 포기하고 주로 남녀간의 연정을 노래하는 애상적인 민요조 서정시를 창작하는 데 몰두했다. 따라서 실상 김동환에게 감당하기 어려운 영예를 가져다 준 서사시가 그의 문학적 생애에서 차지하는 비중은 아주 미미한 것이라고 할 수 있다. 그럼에도 불구하고 김동환의 서사시를 강조하는 까닭은 서사시 양식을 좀더 완성된 형태로 가다듬어내는 것이 그에게 맡겨진 시사의 몫이었다는 판단과 그랬더라면 우리 근대시사가 좀더 풍요롭게 전개될 수도 있었을 것이라는 아쉬움 때문이다.

  사실 당대 문단에서 장편 서사시라면 김동환을 능가할 만한 사람이 없었지만 민요조 서정시에서는 이미 그보다 훨씬 윗자리에 선 김소월이 있었다. 그런 의미에서 본다면 김동환이 서사시를 포기하고 민요조 서정시를 택한 것은, 그 스스로의 재능과 그 자신이 감당했어야 할 문학사의 임무를 저버린 것으로밖에 볼 수 없다. 그는 서사시에 좀더 매진함으로써 문학사의 전면에 우뚝 설 수 있는 가능성과 기회를 스스로 포기하고 범속한 시인들 중의 하나로 머물고 말았던 것이다. 물론 김동환이 민요조 서정시로 전환함으로써 범속한 시인이 되고 말았다는 평가는, 그의 민요조 서정시가 얻은 대중적 인기에 비한다면 지나치게 가혹한 평가일 수도 있다. 하지만 그 자신의 재능을 최고의 수준에서 발휘할 수 있는 기회를 스스로 포기한 그에게 이보다 후한 평가를 내리기는 힘들다. 역사의 평가는 언제나 준엄하고 때에 따라서는 가혹하기도 한 법이거니와, 문학사 또한 예외일 수는 없다. 이런 점을 고려하면 김동환이 서사시에서 민요조 서정시로 전환하는 과정을 단순히 문학적 취미의 변화라는 차원에서 설명할 수는 없다. 더군다나 그의 문학적 변모가 시인으로서의 내적 치열성을 포기하고 현실에 안주하는 과정과 맞물린다는 점에서 보면 그의 장르 전환에 대해서는 좀더 치밀한 설명이 필요하다고 할 수 있다.

김동환이 보여 준 성공의 가능성과 결과적인 실패는, 앞에서 제시한 두 번째 과제와 관련해서도 많은 시사점을 제공해 준다. 두루 알다시피 우리 근대 문학사는 이른바 '암흑기'라는 깊은 상처를 안고 있다. 그것은 우리 근대문학의 선구자 역할을 했던 다수의 문인들이 자신들의 작품과 활동을 통해 친일의 길에 나섰다는 사실과 관련된 것이다. 그런 의미에서 우리 근대 문학사는, 주체적인 근대 실현의 가능성이 차단된 식민지 상황 속에서 근대를 실현하기 위해서 그 나름대로 고투해 온 영광의 기록인 동시에 주체적인 근대 실현의 가능성에 절망한 나머지 민족의 발전적 해소라는 식민주의자들의 주장에 맥없이 굴복한 치욕의 역사이기도 하다.

하지만 다수의 문학인들이 친일의 길에 나선 일제 말기를 '암흑기'로 규정하는 기왕의 문학사 기술 방법으로는 이 영광과 치욕의 양면을 동시에 균형있게 파악하기는 힘들다. 이런 관점을 지배하고 있는 것은 근대 문학사가 영광의 역사여야 한다는 윤리적 요청이기 때문이다. 이런 윤리적 요청에 입각하는 한, 일제 말기는 '암흑기'일 수밖에 없고 친일 행위를 한 문학인들에게 돌아갈 것은 윤리적 단죄와 비난밖에 없다. 이광수, 최남선이 그렇고 이 글에서 다루고자 하는 김동환에 대해서도 마찬가지다. 하지만 이런 입장을 취하는 한 우리 근대문학사가 안고 있는 상처의 치유와 극복은 요원한 일이 될 수밖에 없다. 따라서 친일에 대한 윤리적 단죄보다 더 중요한 것은 친일의 내적 논리를 이해하는 것이라고 할 수 있다.

이 글은 급진적 개혁주의자에서 소박한 민족주의자를 거쳐 친일 인사로 탈바꿈하는 김동환의 문학적 생애를 이런 문제의식 아래서 다루게 될 것이다. 물론 춘원이나 육당에 비해서, 또는 소월이나 만해나 상화 등에 비해서 그가 문학사에서 차지하는 공간은 대단히 협소한 것이 사실이다. 그럼에도 불구하고 김동환을 택한 것은 그의 생애와 문학을 통해서 그보다 더 큰 자리를 차지한 사람들을 통해서 볼 수 없었던 우리 근대 문학사의 또 다른 허실들과 미세한 틈들을 들여다볼 수 있게 될지도 모른다는 기대 때문이다.

김동환 및 그와 관련해서 근대 문학사에 대해 기왕에 알고 있는 단편적인 지식들을 새롭게 정리해 보아야 할 이유는 여기에 있다. '구슬이 서 말이라도 꿰어야 보배'라는 속담처럼 단편적인 지식과 정보는 아무리 많아도 단순한 호사 취미를 충족시키는 데 머물 뿐이다. 그것들은 좀더 정교하게 다듬어지고 체계화될 때라야 그것을 소유한 사람들의 삶에 녹아들어 그들의 삶을 형성하는 힘으로 작용할 수 있는 것이다. 김동환에 대해서도 마찬가지로 말할 수 있다. 그와 관련된 단편적인 지식과 정보들이 그저 반짝이는 유리조각에 지나지 않는 것이라면,

그것들을 다듬고 체계화함으로써 우리는 우리 근대 문학사, 혹은 한 걸음 더 나아가서 우리의 근대사를 좀더 깊숙하게 들여다볼 수 있는 선명한 렌즈를 확보할 수도 있는 것이다.

## 2

# 김동환의 생애

### (1) 김동환의 생애를 보는 관점

　김동환의 개인사는, 식민지 시대의 문학인들이 흔히 그렇듯이 다채롭고 복잡한 양상을 띤다. 그는 신문기자이자 잡지 편집인인 동시에 출판인이었으며 시뿐만 아니라 소설과 평론과 희곡에까지 손을 대는 등 그야말로 다재다능한 면모를 보여주었다. 하지만 이런 다재다능한 면모가 김동환만의 특수한 것이라고 할 수는 없다. 일제의 식민지가 됨으로써 급격한 역사의 단절을 경험한 우리 근대의 특성상, 다른 사람보다 먼저 근대적인 교육을 받은 몇몇 선각적인 지식인이 여러 분야에서 자신의 재능을 다각적으로 발휘하는 일은 그리 드문 일이 아니었기 때문이다.
　물론 그렇다고 해서 이들이 르네상스 시대의 '천재'들과 비슷한 수준에서 그들의 재능을 발휘했다는 뜻은 아니다. 그들은 단지 봉건 사회에서 근대 사회로 급격하게 이행하는 과정에서 불가피하게 생겨난 조선 사회의 수많은 공백 지대들을 메우는 역할을 한 데 지나지 않기 때문이다. 특별한 천분을 갖지 않았더라도 근대적인 제도와 문물을 경험한 사람들이라면 누구든 근대적인 제도의 형성 과정에서 여러 가지 역할을 동시에 맡지 않을 수 없었던 것이다. 불과 20세 남짓한 춘원이나 육당 같은 사람들이 다양한 분야에서 동시에 자신의 재능을 발휘할 수 있었고, 자신들이 관여한 분야에서 곧바로 대가(大家)의 대접을 받을 수 있었던 것은 이런 시대적 맥락에서였다. 이런 관점에서 본다면 김동환의 다채로운 이력도 근대 체험을 지닌 새로운 지식인들에 대한 사회적 수요가 급증했던 시대적 상황과 깊은 관련이 있다고 해야 할 것이다.

하지만 아무리 새로운 지식인들에 대한 사회적 수요의 급증이라는 시대적인 조건을 강조한다고 하더라도 김동환이 일정한 재능을 갖고 있지 않았더라면 이런 수요에 부응하지 못했으리라는 것 또한 분명하다. 따라서 다른 지식인들과 마찬가지로 여러 분야에서 자신의 재능을 발휘했고 선구자의 역할을 한 김동환의 재능과 열정을 굳이 부정하거나 과소 평가할 필요는 없다. 그런데 이런 식으로 김동환의 남다른 재능과 열정, 그리고 근대적인 제도의 형성 과정에 끼친 공적을 강조하다 보면 우리는 이내 젊은 시절의 애국적 열정을 포기하고 친일의 길을 걷게 되는 김동환의 모습과 마주치는 당혹스러운 경험을 하게 된다. 다른 많은 지식인들이 그랬던 것처럼 젊은 시절 한때 급진적 개혁주의자였던 김동환은 이내 온건한 민족주의를 표방하고 현실에 안주하다가 1930년대 말부터는 아예 대표적인 친일인사 중의 하나로 변신하는 것이다. 이런 사실을 확인하면서 맛보게 되는 당혹스러움과 배신감은, 그러나 우리 근대사를 공부하다 보면 흔하게 겪는 일 중의 하나이다.

김동환을 포함해서 식민지 시대에 활동한 지식인들의 삶을 이해하고 평가할 때 마주치게 되는 곤혹스러움은 대부분 여기서 기인한다. 어떻게 민족의 선구자를 자처하던 사람들이 '민족의 반역자'가 될 수 있었는가? 이런 의문은 무척 단순화된 것이어서 다소 선정적인 느낌을 주기도 하지만, 친일 문제를 다룰 때 피할 수 없는 것이기도 하다. 하지만 이런 식의 질문으로는 친일 문제에 관해 별로 얻어낼 것이 없다. 왜냐하면 이 질문은 결국 지식인들에 대한 일제의 회유와 압력이 그만큼 집요하고 무서웠고 거기에 비해 지식인들은 지나치게 나약했다는 결론을 예비하고 있는 것이기 때문이다. 이런 결론은 곧잘 일제의 무자비함과 지식인들의 나약함에 대한 무차별적인 비난으로 이어진다. 지식인들의 훼절에 대한 윤리적 비난이 그것이다.

이런 관점은 선비적인 기개와 지조를 중시하는 전통적인 윤리관 때문에 지금까지 지식인들의 친일 문제를 논할 때 지배적인 위치를 차지해 왔다. 하지만 이런 윤리적 비난에서 우리가 얻을 수 있는 것은 화풀이를 하고 난 뒤의 속시원함 같은 것에 지나지 않는다. 또 이런 비난은 얼핏 보기에 그럴 듯해 보이고 통쾌한 느낌을 주기도 하지만, 사실은 가혹한 시련을 겪어보지 못한 사람들이 가혹한 시련 속에 처해 있던 사람들의 힘겨운 선택을 비난한 것이라는 점에서 윤리적으로 정당하지 못하다는 한계도 안고 있다. 다시 말해서 이런 시각은, 자신이 똑같은 상황에 처했을 때 과연 어떤 선택을 했을 것인가에 대한 진지한 반성과 고민 없이 즉자적으로 다른 사람들의 선택을 비난하는 것이 도덕적으로 얼마나 정당할 수 있는가 하는 근본적인 의문으로부터 자유로울 수 없는 것이다. 이런 관점에서 본다면 김동환을 포함한 지식인들의 친일 문제에 대해서는 다른 시각으로 접근하는 것이 마땅하다.

물론 김동환이 보여 준 사상적 굴절 과정과 행적에는 윤리적으로 비난받을 만한 부분도 없지 않다. 그러나 그가 겪은 사상의 굴절과 생애의 굴곡을 단순히 윤리적인 관점에서만 바라보는 것은, 김동환 개인의 삶을 이해하는 데나 우리 근대사, 혹은 근대 문학사를 이해하는 데 크게 도움이 되지 않는다는 것이 필자의 기본적인 입장이다. 적어도 우리는 김동환에게 돌을 던지기 위해서 그의 삶과 문학을 다시 살피는 것은 아니기 때문이다. 우리가 김동환을 새삼 거론하는 것은, 그의 삶과 문학을 통해서 우리 근대 문학사의 가장 어둡고 고통스러웠던 한 부분을 새롭게 조명해 보기 위한 것이다.

따라서 중요한 것은 김동환의 시적 변모와 훼절 과정에 대해 도덕적·윤리적 비난을 퍼붓는 것이 아니라, 그가 겪은 사상적·문학적 변모의 동인을 살피고, 그것이 어떤 문학사적 의미를 지니는가를 따져 보는 일이 될 것이다. 이런 태도는 특히 식민지 시기를 거치면서 근대의 선각자였던 다수의 지식인들이 민족을 위한다는 명분을 내세워 친일의 길에 나섰던 우리 근대사의 특수성과 관련해서 중요한 의미를 지닌다. 또 그것은 흔히 '암흑기'로 불리는 식민지 시대 말기와 해방 후 문학의 사적 연속성을 이해하기 위해서도 중요한 의미를 지닌다고 할 수 있다.

우리가 김동환의 생애를 검토하면서 관심을 가져야 할 것은 바로 이 부분이다. 물론 일차적으로 재구성되어야 할 것은, 자연인으로서 김동환의 생애이지만, 사실 이런 사전 지식들은 김동환의 시를 이해하고 감상하는 데 별로 도움이 되지 않을 수도 있다. 때때로 시인의 생애에 대한 사전 지식이 일종의 선입견이나 편견을 심어 줌으로써 작품에 대한 객관적인 접근을 방해할 수도 있기 때문이다. 더욱이 김동환처럼 간단치 않은 사상적 굴절 과정을 겪은 시인들의 경우에는 그의 생애에 대한 사전 지식이 작품을 이해하는 데 그다지 도움이 되지 않을 수도 있다. 시인의 삶에 대한 정보의 과잉이 그의 작품에 대한 온당한 이해를 가로막는 것과 마찬가지로 섬세하게 다듬어지지 않은 거친 지식 또한 그의 작품에 대한 오해를 낳기 쉬운 것이다.

하지만 기왕에 알려진 상식이 너무 단편적이어서 그 시인의 삶 전체를 개괄하는 데 도움이 되지 않을 경우라면, 상식 이상의 지식을 얻기 위해 노력할 필요가 있다. 김동환의 경우가 바로 여기에 해당된다. 앞에서 김동환의 생애와 관련된 일반적인 상식을 거론한 것은 그 때문이다. 김동환의 삶과 시를 올바르게 이해하기 위해서는 적어도 그런 평범하고 단편적인 상식 이상으로 그의 삶을 자세히 들여다볼 필요가 있다는 것이다.

단 이 들여다보기는, 그가 겪어온 복잡하고, 어찌 보면 혼란스럽기까지 한 사상적 궤적과 시세계의 변모 과정을 이해하는 데 도움이 되는 수준에 한정되어야 할 것이다. 이 수준을 정확히 가늠하는 것도 결코 쉬운 일은 아니지만, 아무튼 이 글에서는 그의 생애에 대한 관심이 이 수준을 넘지 않도록 섬세한 주의를 기울이게 될 것이다.

(2) 부친의 부재와 가난의 체험

김동환은 20세기가 시작되는 첫해인 1901년 9월 27일 함경북도 경성군 오촌면 수송동 89번지에서 김석구(金錫龜)와 마윤옥(馬允玉)의 7남매 중 3남으로 태어났다. 그의 출생은 지극히 평범한 것이었으나 그가 태어난 시기와 장소는 그의 삶 및 시와 관련하여 무심하게 보아 넘길 수만은 없다. 그가 태어난 시기는 조선 사회가 본격적으로 역사의 소용돌이 속에 휩쓸려 들어가는 20세기가 시작되는 첫해였고, 그가 태어난 곳은 장차 민족사의 전개 과정에서 중요한 의미를 지니게 되는 지역이었기 때문이다. 이런 점에서 보면 급진적인 개혁주의에서 시작해서 친일 행위로 마감되는 그의 굴곡 많은 삶은 그의 의지가 빚어낸 결과가 아니라 차라리 운명이라고 하는 것이 옳을지 모른다.

그는 태어난 지 몇 해 지나지 않아 러일전쟁(1904)을 겪었고 미처 철도 들기 전인 10세 때 조선이 일본에 병탄되는 아픔을 겪어야 했다. 이런 상황 속에서 그가 태어난 함경북도 지방은 그 이전과 사뭇 다른 의미와 무게를 지니고 우리 역사에 등장하게 된다. 주지하다시피 함경북도는 변방에 위치하고 있었기에 19세기 말 조선 사회의 급격한 변화 과정에서 비교적 자유로울 수 있었다. 변경이었기에 중앙 정계의 부침에도 영향을 덜 받았고, 심지어는 동학농민전쟁 같은 전국적인 규모의 반봉건 운동으로부터도 그다지 영향을 받지 않을 수 있었다. 하지만 20세기에 들어서면서부터 함경북도 지역은 더 이상 변경으로만 머물러 있지 않게 된다. 우선 이 지역은 중국, 아라사(러시아), 그리고 조선(일본)의 국제적인 이해관계가 첨예하게 맞부딪치는 현장으로 급부상하게 되며, 러일전쟁과 일제에의 병탄 뒤에는 북만주나 러시아로 이어지는 길목이라는 점에서 중요한 역사적 의미를 지닌 곳으로 부각되는 것이다.

사실 함경북도 지방은 일제의 강점 이전에는 물론 이후까지도 항일무장 투쟁의 중요한 거점이었고 그 이후에는 항일운동가들이 해외(주로 연해주 ; 블라디보스토크)로 망명하는 통로였으며, 또 1920년대를 전후해서부터는 만주나 연해주로 이주해 가는 유이민들의 통로가 되기도 했다(실제로 조선인들의 간도 이민 역사는 19세기 후반부터 시작되었다. 하지만 간도로의 이주가 집단적인 현상이 된 것은 1920년대부터였다). 그런 의미에서 1900년을 넘어서면서부터 함경북도가 단순한 변경 지역이 아니라 역동적인 의미를 지닌 역사의 현장으로서, 즉 급변하는 역사의 모습을 생생하게 보여 주는 현장으로서 부상하게 된다는 판단은 결코 과장된 것이 아니다. 이렇게 보면 김동환이 1901년 함경북도 경성에서 태어났다는 사실은 그리 간단하지만은 않은 의미를 지닌다고 할 수 있다. 더욱이 김동환이 나중에 이처럼 급격한 역사의 소용돌이에 휘말린 '북방'을 소재로 한 시를 발표하여 문명(文名)을 날렸다는 사실을 생각하면 그가 미묘한 시기에 미묘한 장소에 태어난 것은 결코 우연한 일이 아니었다고 해야 할 것이다.

　김동환의 아명은 '삼룡(三龍)'이었다. 하지만 보통학교에 입교한 이래 줄곧 '동환'이라는 이름을 썼고 1926년부터는 아예 호적상의 이름까지 그대로 바꾸었다. 따라서 '동환'이라는 이름은, '백산청수(白山靑樹)'로 창씨개명을 했던 일제 말기의 몇 년간을 제외하고는 그의 전 생애를 대표한 이름이라고 할 수 있다. 이 '삼룡'이가 '동환'이 되기까지의 어린 시절은, 러일전쟁의 불길이 휩쓸고 가기도 했고 조선이 일제에 병탄되는 세기적 사건을 겪기도 했지만 김동환으로서는 지극히 평범하게 지나갔다. 이 무렵의 그는 남의 시선을 끌 만한 특별한 재능을 발휘했던 것도 아니고 그에게서 특별히 주목할 만한 사건 또한 일어나지 않았다. 하지만 그의 성장 및 의식 형성 과정과 관련하여 그가 그 속에서 성장한 환경과 가족사적 배경은 주목할 필요가 있다.

　그의 집안은 한일합방을 전후한 시기까지 고향인 경성을 중심으로 비교적 성세를 누리고 있었던 것으로 보인다. 그의 집안은 경제적으로 비교적 유족한 편이었고 일가 친척들의 교육 수준도 높은 편이었다. 김동환의 숙부 김영구는 인근 지역에서 한학자로 널리 존경을 받았고 그 밖에 가까운 인척 중에는 인재 육성의 큰뜻을 품고 교육사업에 종사하는 이도 있었다. 또 김동환의 부친 김석구는 사위인 심포 이운협(1873~1910)이 세운 유지의숙(有志義塾—후에 '함일학교'로 개명)이라는 사립학교에 1만여 평의 토지를 희사하는 등 육영사업에 깊은 관심을 기울였다. 이러한 사실들로 미루어 볼 때 김동환의 집안은 재물보다는 의리와 명분을 중시하는 가풍을 지니고 있었으며 이 때문에 구한말의 사회·정치적 혼란 속에서 인근 주민들에게 적지 않은 영향력을 행사하는 위치에 있었다고 여겨진다.

이러한 가족사적 배경과 집안의 분위기가 어린 김동환에게 적지 않은 영향을 미쳤음은 말할 것도 없다. 특히 국가 존망의 위기 상황 속에서 개인의 안위를 돌보지 않고 일제에 저항하는 의로운 삶을 택한 부친(김동환의 부친 김석구는 한일합방 직후 시베리아로 망명하여 혁명운동에 투신한 것으로 전해진다)과 부친이 교유하던 인사들의 모습에서 어린 김동환이 깊은 인상을 받은 것은 자연스러운 일이었다. 그리고 이 강렬한 인상은 어린 김동환으로 하여금 이 '영웅'들의 눈—더 정확하게 말하자면 이들의 애국주의적 열정과 그 토대인 민족주의 이념—을 통해 자기 주위의 세계를 들여다보도록 만들었을 가능성이 높다. 다시 말해서 그는, 어린 시절 자신에게 깊은 인상을 남겨준 이 '영웅'들에게서 빌어온 민족주의라는 렌즈를 통해 역사의 소용돌이에 휘말린 고향(더 넓게는 조선 현실)을 들여다보았던 것이다.

그가 데뷔작에서부터 비슷한 또래의 시인들처럼 퇴폐와 절망의 포즈를 취하는 대신 식민지 조선의 현실을 폭넓게 그려내려고 했고 실제로 일정한 성취를 거둘 수 있었던 것도 바로 이 렌즈 덕분이었다고 할 수 있다. 민족주의라는 렌즈를 통해서 고향 땅을 바라봄으로써, 그는 비장한 각오를 품고 만주나 연해주로 망명하는 우국지사들의 모습과 살길을 찾아 만주 벌판을 헤매는 조선인들의 행렬을 발견할 수 있었고 일제에 병탄된 뒤 급속한 사회·경제적 변화의 소용돌이에 휘말린 조선 사회와 조선인들의 모습을 포착해낼 수 있었던 것이다. 따라서 『국경의 밤』이나 『승천하는 청춘』 같은 작품에서 조선 사회의 급격한 사회·경제적 변화와 살길을 찾아 유리하는 조선인들의 참혹한 모습이 그려진 것은 결코 우연이 아닌 셈이다. 그리고 김동환의 초기 시에서 자주 항일운동가나 '주의자'의 형상이나 사상운동이나 항일운동으로 인해 가족 이산의 고통을 겪는 화자를 내세운 시들이 다수 발견되는 것도 같은 맥락에서 이해할 수 있다. 이들은 모두 그가 성장 과정에서 직접·간접적으로 접했던 무수한 '영웅'들을 모델로 한 것일 가능성이 높기 때문이다.

   그러나 다른 한편으로 김동환의 집안에 지사적인 삶을 택했던 친인척이 많았다는 사실은, 그의 유년기 삶이 그다지 평화롭지 못했을 가능성이 높다는 것을 의미한다. 일제에 저항하는 길을 택했던 사람들이 식민지 체제 아래서 평온한 삶을 유지하기는 어려웠기 때문이다. 의리와 명분을 좇아 일제와 맞서는 것은 물론 자랑스럽고 떳떳한 일일 수 있었지만, 이에 대한 일제의 탄압은 그와 그들의 가족들에게 돌이킬 수 없는 상처를 남겨 놓는 경우가 많았다. 그 가운데서도 가장 심각한 것은 망명이나 투옥으로 인한 가족의 이산과 가계의 파탄이었다. 실제로 김동환의 경우도 일찍부터 이산의 고통과 그에 뒤따르는 경제적 곤란을 겪지 않을 수 없었다. 향촌의 인재들을 기르는 육영사업을 위해 막대한 재산을 기증한 데 이어 시베리아 망명의 길을 선택한 김동환의 부친이 가계를 돌볼 수 없었던 것은 당연한 일이었거니와, 그로 인해 그의 가족들은 가난과 이산의 고통을 면할 수 없었던 것이다.

부친의 부재로 인한 가난과 이산의 고통은 김동환의 가족들, 그 가운데서도 성장기의 김동환에게 대단히 큰 영향을 미쳤다. 그는 보통학교를 졸업한 후 일시적으로 진학을 포기하고 경성군청에서 일을 해야 했고 그 이후 서울 유학 시절이나 동경 유학 시절에도 줄곧 고학을 해야 했다. 이 가난의 체험은 어떤 면에서 그가 다른 유학생들에 비해 좀더 일찍 현실의 모순을 폭넓고 깊게 인식하도록 하는 긍정적인 역할을 하기도 했지만, 다른 한편으로는 그로 하여금 현실의 논리에 쉽게 굴종하도록 만드는 부정적인 힘을 발휘하기도 했다고 보인다. 다시 말해서 가난에서 벗어나려는 은밀한 욕망이 그로 하여금 부단히 현실과 타협하고 그 속에 안주하는 길을 걷도록 했을 가능성이 있다는 것이다. 1930년대 이후 김동환이 보여 준 삶의 행적은 그런 맥락에서 이해할 수 있다.

하지만 굳이 가난이 아니더라도 부친의 부재 자체가 성장기의 김동환에게는 견디기 어려운 것일 수 있었다. 가부장제의 윤리가 강력한 힘을 발휘하는 조선 사회에서 부친이 성장기의 자녀들에게 미치는 영향은 거의 절대적인 것이었거니와, 부친의 부재란 곧 보호와 후견의 결핍을 의미하는 것이기 때문이다. 또 부친의 부재와 함께 몰아닥친 가족 이산(김동환의 맏형은 시베리아로 망명하는 부친을 따라갔다가 실종되었고 동생 김동악은 이른바 불령선인으로 일본 경찰의 감시 대상이었으며 일찍 출가한 누이는 젊은 나이에 병사한 것으로 전해진다)의 체험도 김동환에게는 적지 않은 상처를 주었다. 이런 상황에서 결국 김동환은 일찍부터 어른으로 살아가지 않으면 안 되었다고 보인다. 다시 말해 그는 어린 시절부터 부친의 보호와 후견 없이 그 혼자서 가혹한 현실에 맞부딪치지 않으면 안 되었던 것이다.

이런 조숙함은 그가 어린 나이(13세, 17세)에도 불구하고 전후 두 차례에 걸쳐 북간도 지방과 시베리아를 방랑하도록 만든 원동력이 되기도 했다. 그것은 말할 것도 없이 부친을 찾고 깨어진 가정을 복원하려는 열망 때문이었다. 하지만 부친에 대한 간절한 그리움의 이면에는 명분과 의리 때문에 가장으로서의 역할을 포기한 부친에 대한 불만과 원망이 자리잡고 있었을 가능성이 높다. 물론 김동환이 부친이 선택한 길이 정당한 것이었음을 부정했다고 볼 만한 증거는 없다. 하지만 설사 논리적인 차원에서나 이념적인 차원에서 부친의 선택을 수긍했다고 해도 부친의 부재를 현실로 받아들이는 것은 또 다른 차원의 문제일 수 있었다. 부친의 부재는 가난의 고통을 안겨 주었을 뿐만 아니라, 김동환이 선택할 수 있는 삶의 길을 협소하게 만들었을 수 있기 때문이다. 따라서 부친에 대한 그의 감정은 이해와 반감이 교차하는, 대단히 모순된 것이었다고 보인다. 부친에 대한 이런 모순된 감정의 흔적들은 실제로 김동환의 초기 시에서 자주 발견된다.

그 가운데서도 대표적인 것은 그 자신이 '서사시'라고 장르를 규정한 〈우리 4남매〉(『조선문단』, 1925. 11) 같은 작품이다. 이 시에 등장하는 아버지는 김동환의 부친과 비슷하게 "나랏일에 몸을 바친다"는 결심을 안고 살다가 나라가 망한 뒤 비통하게 죽어간다. 이런 부친의 삶은 물론 자식들의 입장에서 볼 때도 자랑스럽고 떳떳한 것일 수 있었다. 하지만 현실적으로 부친의 부재는 가족들에게 씻을 수 없는 상처를 남겨 주게 된다. 그래서 사남매는 각기 혁명가, 도둑, 창녀, 무위도식하는 룸펜 등의 삶을 살아가게 된다는 것이다. 서사시라고 하기에는 지나치게 소략하고 엉성한 구도를 지닌 〈우리 4남매〉의 이 같은 내용이 김동환의 전기적 생애나 가족사적 배경과 그대로 일치한다고 할 수는 없다. 하지만 이 작품을 통해서 우리는, 의리와 명분을 좇는 삶을 살았지만 그로 인해 가족들에게 견디기 어려운 고통을 남겨 준 아버지에 대한 김동환의 복합적인 감정을 엿볼 수 있다.

부친에 대한 이 모순된 감정은 그의 생애에 강한 영향을 미쳤다고 보인다. 특히 이런 모순된 감정은 그의 삶에서 발견되는 의식과 실제 행위의 괴리를 설명하는 데도 일정하게 도움이 될 수도 있다고 여겨진다. 그는 줄곧 자신의 삶을 비범한 것으로 설정하고 이를 위한 고난을 마다하지 않을 것처럼 이야기해 왔지만, 결과적으로는 늘 현실에 안주하는 길을 택했다. 물론 이처럼 표리가 어긋나는 삶을 통해서 그의 부도덕성이나 의지 박약을 비난할 수도 있을 것이다. 하지만 중요한 것은 그로 하여금 이런 모순 상태로부터 벗어나지 못하도록 만든 심층적인 동기가 무엇인가 하는 것이다. 그 원인과 동기는 물론 대단히 복합적일 것이다. 하지만 여기서는 일단, 그가 부친의 부재로 인해 겪었던 성장기의 상처가 그 원인들 중의 하나일 수 있다는 점만 지적하고 넘어가기로 한다.

  다시 말해서 그는 자신의 가족사를 통해서 도덕적·윤리적 명분을 따르는 지사적 삶의 어려움, 더 정확하게 말한다면 자신이 지사적 삶을 선택했을 때 자신과 자신의 가족들에게 짐 지워질 삶의 무게를 일찍부터 깨닫고 있었기 때문에 결국에는 현실과 타협하고 현실에 안주하는 길을 택했다고 할 수 있다는 것이다. 이는 그가 결국 공적인 명분과 의리보다는 사적인 의무를 더 소중히 여겼으며, 그 밑바닥에는 자신의 유년기에 돌이킬 수 없는 상처를 남겨 준 부친을 극복하려는 무의식적 욕망이 깔려 있었을 가능성이 있다는 뜻이다. 물론 가족에 대한 책임감도 세인들의 관심을 끌었던 소설가 최정희와의 연사(戀事)를 감안하면 다소 의심스러운 부분이 없지 않지만, 적어도 납북되기까지 그가 가족들에 대한 후견인과 보호자로서의 역할을 포기했던 적은 한 번도 없었다고 보이기 때문이다.

### (3) 교양의 형성과 근대적 개혁에의 열정

  김동환은 1909년 4년제인 경성보통학교에 입학해서 1913년에 이 학교를 졸업했다. 하지만 가정사정으로 인해 일시적으로 상

1921년 중동중학교 재학시절 고학생 '갈돕회' 회원,
둘째줄 왼쪽부터 네번째 김동환

동경 동경대학 재학시절, 둘째줄 왼쪽부터 첫번째 김동환

2. 김동환의 생애

급학교 진학을 포기하고 경성 군청에서 급사 일을 하다가 1916년이 되어서야 서울로 유학, 중동중학에 진학했다. 중동중학 시절의 그는 문학, 특히 시에 관심을 갖고 조금씩 습작 활동을 했으며 자신의 습작품을 잡지에 투고하기도 했다. 활자화된 그의 첫 작품인 〈이성규(異性叫)와 미(美)〉(『학생계』, 1920. 10)가 그 예이다.

하지만 이 시기의 습작 활동은 문자 그대로의 습작에 지나지 않는 것이었고 그가 문인으로 활동하는 데 필요한 교양을 본격적으로 습득하게 되는 것은 동경 유학 이후의 일이었다고 보는 것이 정확할 것이다. 김동환은 1921년 중동학교를 졸업한 직후 중동중학교장 최규동의 주선으로 일본에 유학하여 관동대진재가 일어난 1923년까지 동양대학 문화학과를 다녔다. 이 시기 그의 교우 범위나 교양 체험에 대해서는 자세하게 알려진 것이 없지만 그의 유학 생활이 결코 순탄한 것만은 아니었음은 쉽게 짐작할 수 있다. 그는 일본에서도 조선에서와 마찬가지로 고학을 하지 않으면 안 되었기 때문이다.

하지만 그가 공부와 생활에 쫓기기만 했다고 보기는 어렵다. 그는 실제로 조선인 고학생들의 단체인 '갈돕회'에서 활동하기도 했고, 이를 중심으로 유학생들이 창립한 재일조선노동총연맹에서 9인의 중앙집행위원 중의 한 사람으로 일한 경력을 갖고 있기도 하기 때문이다. 이로 미루어 볼 때 그의 유학 생활은 대단히 적극적이고 활동적이었다고 할 수 있다. 그리고 고학의 경험과 갈돕회 활동, 비슷한 처지에 있는 조선 유학생들과의 교우는 김동환이 식민지 현실에 대해 비판적인 태도를 갖게 되는 데 큰 영향을 미쳤다고 할 수 있다.

하지만 김동환의 교양 형성에 더 큰 영향을 미친 것은 당시 일본 사회의 지적 분위기였다고 할 수 있다. 당시의 일본은 메이지(明治) 천황의 뒤를 이은 다이쇼(大正) 천황의 통치 아래서 이른바 '대정 데모크라시'라고 불리는 자유주의적인 분위기가 지배하고 있었다. 이런 일본 사회의 지적 분위기는 조선 유학생들에게도 큰 영향을 미쳤거니와, 김동환 역시 이러한 분위기로부터 자유로울 수는 없었던 것이다. 그래서 김동환은, 다른 유학생들과 마찬가지로 일본 사회에 유입된 여러 가지 사조와 사상들에 거의 무방비 상태로 노출되면서 다양한 지적 편력과 방황을 겪게 되는 것이다. 이 사상적·지적 편력은, 조선 사회를 개혁할 수 있는 실천적 방법을 갈망하던 대다수 조선 유학생들에게서 볼 수 있는 공통적인 현상이었다. 하지만 대개의 경우 그것은 문자 그대로의 지적 방황이었을 가능성이 높고 김동환에게는 특히 그러했다. 불과 2년 남짓한 짧은 유학 생활 동안, 더구나 고학을 해야 했던 김동환이 어떤 사상을 체계적이고 깊이있게 공부했으리라고 기대하기는 어렵기 때문이다.

유학 시절의 김동환이 그 나름대로 복잡한 지적·사상적 편력을 겪었음은, 『국경의 밤』에 등장하는 '언문 아는 선비'의 고백을 통해서도 어렴풋하게나마 짐작해 볼 수 있다. 이 '언문 아는 선비'는 적지 않은 서양의 사상가와 철학자들을 언급하면서 자신이 도회지에서 엄청난 사상적·지적 방황을 겪었음을 토로하고 있거니와, 이는 그대로 김동환 자신의 교양 체험이라고 보아도 무방하다. 김동환 역시 '언문 아는 선비'와 마찬가지로 서로 관련이 없고 심지어는 모순되기까지 한 사상과 지식들을 무차별적으로 수용했을 가능성이 높기 때문이다. 다시 말해서 김동환은 대부분의 동경 유학생들이 그랬던 것처럼 한꺼번에 밀어닥치는 다양한 사상과 지식의 홍수 속에서 남독(濫讀)에 가까운 독서, 그리고 비슷한 처지에 있는 유학생들과의 교유를 통해 새로운 지식과 사상을 받아들였던 것이다.

김동환이 한때 관심을 가졌던 마르크스주의에 관해서도 마찬가지로 말할 수 있다. '대정 데모크라시' 기간의 자유주의적인 분위기는 러시아 혁명(1917)의 소식이 전해지면서 급격히 개혁적인 것으로 변화해 갔다. 제정 러시아의 강고한 짜르 체제를 무너뜨린 마르크스주의가 낡은 세계를 개혁할 수 있는 실천적인 방법론으로 지식인들에게 각광을 받았던 것이다. 이런 상황에서 식민지 조선의 현실을 개혁할 수 있는 실천적인 방법론을 갈망하던 조선의 청년 지식인들이 이런 분위기로부터 영향을 받은 것은 자연스러운 일이었다. 프로 문학 형성에 선구적 역할을 한 팔봉 김기진의 예가 말해 주듯, 이 시기 동경 유학생들에게 있어서 사회주의 사상은 낙후된 조선 사회를 개혁할 수 있는 강력한 실천적 방법론으로 받아들여졌던 것이다.

김동환이 이런 급진적인 개혁의 분위기에 편승하게 된 것도 비슷한 맥락에서 이해할 수 있다. 물론 김동환이 언제 어떻게 마르크스주의를 접하게 되었는지를 정확하게 확인하는 것은 불가능하다. 하지만 1920년대 동경 유학생들에게 있어서 마르크스주의가 일종의 시대정신, 혹은 지적 유행이었다는 사실로 미루어 볼 때 김동환이 마르크스주의를 접하게 된 경로는 충분히 짐작할 수 있다. 김동환은 비슷한 처지에 있는 유학생들과의 교유를 통해서, 그리고 더 크게는 일본 지식인 사회의 급진적인 지적 분위기의 영향 아래서 사회주의 사상에 접하게 되었던 것이다.

이처럼 동료 유학생들과의 교유를 통해 급진적인 사상을 접하게 되는 과정은 김동환의 두 번째 서사시『승천하는 청춘』을 통해서 어렴풋하게나마 유추해 볼 수 있다. 이 작품의 주인공인 청년과 처녀는, 딱히 사회주의자라고 하기는 어렵지만, 일반적으로 아나키스트를 포함해서 현실의 변혁을 꿈꾸는 급진적 개혁주의자를 뜻하는 '주의자'들로 설정되어 있다. 이 서사시의 여주인공은, 청년과 헤어져 고향으로 돌아간 뒤 "초 한 대면 로마를 불태울 수 있다"는 신념을 가지고 교사 생활을 하며, 주인공 청년 또한 비밀결사에 가담하여 조선사회를 개혁하기 위해 애쓰는 것으로 설정되어 있다. 이런 인물 설정은 젊은 시절 한때 급진적인 개혁주의자의 면모를 보여 주었던 김동환 자신의 실제 체험과 긴밀하게 연관되어 있다고 해도 좋을 것이다.

물론 이런 급진주의는 남보다 앞서 근대 문명의 세례를 받은 청년 지식인들이 낙후된 조선 현실에 대해 흔히 갖게 되는 태도이기도 했다. 자신이 배우고 익힌 '근대'를 식민지 조선에서 실현해야 한다는 조급한 의식, 그리고 진보를 가로막는 기성 현실과 윤리에 대한 강렬한 거부감은 당시 젊은 조선의 지식인들이 갖고 있던 공통된 특징이었던 것이다. 거기에다 자본주의적 근대를 부정하는 사회주의 사상의 영향이 가미되면서 지식인들이 갖고 있던 조선 현실에 대한 불만과 거부감은 곧바로 급진적인 변혁의 열정으로 이어졌다. 일본 유학을 통해서 자본주의적 근대를 체험한 것만으로도 충분히 조선 현실에 대해 개혁적인 입장을 취할 수 있었던 유학생들이 자본주의적 근대 '이후'의 전망을 제시한 사회주의 사상에서 매력을 느낀 것은 결코 이상스러운 일이 아니었다.

그런 의미에서 우리 근대 문학의 초창기에 활동한 많은 문학인들은, 그 자신이 어떤 입장을 표명했는가와 상관없이 모두 넓은 의미의 계몽주의자였고, 개혁주의자들이었다고 할 수 있다. 그리고 당시의 조선 사회에서 계몽과 개혁은 실제로 필요한 것이기도 했다. 지식인과 대중들 사이의 격차는 그만큼 컸고, 조선의 현실은 그만큼 낙후되어 있었던 것이다. 따라서 계몽주의자를 자처했건 아니건 대다수의 지식인들은 문학의 교훈적 성격을 강조한 톨스토이의 작품에 심취했고 문학을 통해 몽매한 조선인들을 계몽하고 조선 사회를 개혁하려는 열정을 가졌다. 김동환 역시 톨스토이의 작품에 심취했고 그 영향 아래서 습작 활동을 했다. 젊은 시절의 김동환은 대다수 청년 지식인들이 그랬던 것처럼 개혁주의자였고 계몽주의자였으며 따라서 문학의 심미적 가치보다 도덕적·사회적 가치를 중시했다. 김동환의 초기 시에서 볼 수 있는 현실에 대한 비판적 관심은 그런 개혁주의와 계몽적 열정의 소산이었다.

하지만 초기의 김동환이 마르크스주의 사상에 의지하는 듯한 모습을 보여 주었다고 해서 그를 확고한 신념을 가진 마르크스주의자였다고 판단하는 것은 지나친 속단이다. 앞서 말한 것처럼 그의 유학 기간은 불과 2년 정도에 지나지 않았고, 그나마 힘겨운 고학 생활을 해야 했으므로 그가 집중적으로 마르크스주의를 공부했다고 보기는 어렵기 때문이다. 더욱이 동경의 지적 분위기와 관련하여 그가 당시 유행하던 다양한 사상들을 섭렵하느라고 소모한 시간까지 감안한다면, 김동환이 설사 마르크스주의를 체계적으로 학습했다고 하더라도 그 기간과 분량은 극히 짧고 적었다고 해야 할 것이다. 따라서 그의 사회주의란 그 자신의 존재론적 결단에 기초한 것이 아니라 비슷한 개혁적 열정을 지닌 동경 유학생들과의 교류를 통해 받은 지적 영향의 결과였고, 그런 점에서 당시의 사상적·지적 유행에 편승한 것에 지나지 않았던 것이라고 보는 것이 타당하다.

물론 김동환이 문단 데뷔 직후에 발표한 시와 평론들에 나타난 급진적인 내용들은 그가 사회주의 사상에 깊이 공감하고 있는 듯한 인상을 준다. 하지만 그의 사회주의란 실생활의 토대와 분리된 조급한 관념에 지나지 않는 것이었다. 이런 관념적이고 다분히 감상적인 사회주의자들은 1920년대 조선 사회에서 그리 드물지 않았다. 일본 경찰들이 동경 유학생 출신의 감상적 사회주의자들을 일컬어 흔히 '맑스 보이, 맑스 걸'이란 야유조의 호칭을 사용했던 데서 알 수 있는 것처럼 사회주의는 적지 않은 동경 유학생들에게 시대적 유행에 편승하기 위한 일종의 지적 장신구 역할을 하기도 했다. 김동환의 사회주의 역시 이런 수준에서 크게 벗어난 것이라고 보기는 어렵다. 따라서 그의 초기 시나 평론에서 보이는 급진적인 내용들은, 청년 특유의 급진적이고 과격한 태도의 표현이거나 허약한 자신의 사상적 기반을 위장하기 위한 일종의 포즈에 가까운 것이었다고 보는 것이 타당하다.

이 점은, 그가 카프(KAPF; 조선프롤레타리아예술동맹) 맹원이면서도 조직 노선이나 자신의 사상적 입장과는 정면으로 배치되는 작품들을 아무렇지 않게 발표했던 데서도 확인된다. 실제로 1920년대 중반의 김동환은 그의 평론들을 통해서 상당히 과격하고 급진적인 주장을 펼쳤다. 「시조배격소의」(『조선지광』, 1927. 6)나 「망국적 가요소멸책」(『조선지광』, 1927. 8), 「신흥 민중과 문과 겸」(『동아일보』, 1927. 8. 10 ~ 8. 19) 같은 그의 평론들이 그런 예에 속한다. 뿐만 아니라 그는 실제로 자신의 주장에 따라 관념적이고 급진적인 경향을 지닌 시들을 다수 발표했다. 하지만 같은 시기에 그는 자신의 급진적인 주장과는 정면으로 배치되는 서정적이고 감상적인 작품도 다수 발표했다. 또 이념적으로 그와 정반대의 입장을 취한 이광수나 주요한 등과 깊은 교분을 나누었던 것도 그가 자신이 선택한 이념에 철저한 인물은 아니었음을 말해 준다. 이런 점으로 미루어 볼 때 김동환은, 설사 그가 한때 공공연하게 급진적인 개혁주의나 사회주의적인 입장을 표명했다 하더라도 생래적으로 이념과는 거리가 먼 인물이었다고 하는 것이 옳을 것이다.

(4) 언론인으로서의 활동과 문단 활동

김동환이 일본 유학에서 돌아온 것은 관동대진재(1923) 직후였다. 관동대진재의 참상을 목도한 그로서는 더 이상 유학 생활에 매력을 느낄 수 없었던 것이다. 귀국한 후 그는 함경북도 나남 시에서 발간되던 《북선 일일신문》 조선문판 기자로 사회에 첫발을 내딛음으로써 본격적으로 언론인으로서 경력을 쌓게 된다. 이 무렵의 그는 현실에 대해 강한 관심을 갖고 있었을 뿐만 아니라 대단히 기개있는 기자였던 것으로 알려져 있다. 가령 《북선 일일신문》 기자 시절의 그는, 《동아일보》에 「민족 개조론」을 발표한 이광수를 격렬하게 비판하면서 개인적으로 그의 장례식을 거행했을 정도로 기개 넘치는 열혈기자였다고 한다. 이런 지사적인 기개는 적어도 『삼천리』를 창간하는 1920년대 말까지는 지속된 것으로 보인다.

신문 기자로 사회에 첫발을 내딛은 김동환은 이후 『삼천리』를 창간(1929. 6)하면서 언론사를 사직하기까지 《동아일보》, 《조선일보》, 《시대일보》, 《중외일보》 등 여러 신문사를 거치면서 언론인으로서 다양한 경력을 쌓았다. 언론인 시절의 김동환의 모습을 한마디로 규정하기는 어렵지만, 『삼천리』를 창간하기까지는 상대적으로 진보적인 입장을 유지하고 있었던 것으로 보인다. 《동아일보》 기자 시절에는 좌익계열 기자들이 주도한 '철필구락부' 사건에 연루되어 불과 1년만에 기자 생활을 그만 두기도 했고, 카프의 맹원이었던 유완희, 김팔봉, 안석주, 박팔양 등과 함께 조선전위기자 동맹에 참여하기도 했

2. 김동환의 생애

1927. 11. 18 조선일보,
그림 안석주 화백

1929. 7. 『문예공론』,
「문인상」(2) 파인,
그림 심산 노수현 화백

으며 ≪조선일보≫ 시절에는 원산총파업을 취재하는 등 민완 기자로 명성을 날리기도 했다. 현실에 대해 비판적이고 개혁적인 태도를 취했던 김동환의 모습은 그의 초기 작품과 문단 활동을 통해서도 마찬가지로 확인된다. 그는 데뷔작이자 성명작(成名作)인 〈적성을 손가락질하며〉(이 작품은 1925년에 간행된 시집 『국경의 밤』에는 〈눈이 내리느니〉로 제목이 바뀌어 실려 있고, 현재까지도 이 제목으로 알려져 있다. 하지만 이 글에서는 원래의 제목을 그대로 사용하기로 한다)에서부터 줄곧 식민지 현실에 대한 비판적인 관심을 보여 주었다. 그뿐만 아니라 1930년대 이전까지는, 시기에 따라 다소 편차가 있기는 하지만, 줄곧 지배계급의 억압과 착취로 인해 고통 당하는 민중들에 대한 인도주의적 관심과 현실 변혁에 대한 관심을 보여 주었다. 그가 짧은 기간 동안이나마 '무산자 계급의 해방을 위한 문예운동'의 기치를 내건 카프의 맹원으로 활동하면서 급진적인 내용의 평론과 시를 발표하기도 했던 것도 그 연장선상에서 이해할 수 있다. 결국 동경 유학에서 돌아온 직후의 김동환은 식민지 현실과 타협하는 대신 자신의 이상을 실현하기 위해 그 나름으로 치열하게 살았던 것이다. 문학사적으로 중요하게 평가받는 그의 초기 시들이 이런 치열한 삶의 산물임은 말할 것도 없다.

하지만 그의 이런 입장이 오랫동안 지속되었다고 하기는 어렵다. 그의 사상적 입장은, 그가 공공연히 사회주의에 대한 공감을 표할 때조차 부단히 동요하고 있었다. 표면적으로는 현실에 대해 비판적인 태도를 보였지만 그의 내면에서는 끊임없이 현실의 질서 속에 안주하고 싶어하는 은밀한 욕망이 자라고 있었던 것이다. 이 점은, 그가 앞서 언급한 평론들을 통해 전래 민요나 시조 등에 반영된 봉건적인 색채와 감상적인 성격에 대해 강한 반감을 표하면서도 동시에 자신의 주장과는 완전히 상반되는 서정적이고 감상적인 민요조의 서정시들을 자주 지상에 발표했던 데서도 확인된다. 그리고 1920년대 말을 고비로 그의 생활은 점점 현실의 질서 속에 안주하게 되고 시에서도 현실에 대한 비판적인 관심과 개혁적인 입장은 대부분 사라진다.

이러한 김동환의 변모 과정을 그의 개인적인 기질 탓으로 돌리면 문제는 간단하게 해결된다. 그는 사회주의자라기보다는 차라리 소박한 의미의 민족주의자였고, 더 근본적으로는 어떤 '주의자'로 규정되기 어려운 로맨티스트였던 것이다. 하지만 이런 진술만으로 김동환의 변모를 충분히 설명했다고 할 수는 없다. 무엇보다 식민지 현실 자체가 지식인들의 현실 참여를 강력하게 요청하고 있던 상황에서 그 나름대로 뚜렷한 자기의식을 지녔던 지식인이 현실에 대한 비판적 관심을 포기하고 생활 속에 안주하게 되는 과정은 단순히 개인의 기질만으로 설명될 수 있는 일이 아니기 때문이다. 이와 관련해서 그의 사상적 기반이 그다지 탄탄하지 못했던 점, 1920년대 말부터 일제의 사상 탄압이 점차 강화되고 있었던 점, 이광수·주요한 등 좌익 진영의 표적이었던 민족주의자들과의 깊은 교분을 맺고 있었던 점(김동환은 이들과의 교분을 바탕으로 1929년에는 공동시집인 『삼인시가집』을 발간했다), 개인적으로 1929년 무렵부터 『삼천리』를 창간하고 잡지 편집인으로 변신하면서 불가피하게 현실에 대해 어느 정도 타협적인 입장을 취하지 않을 수 없었던 점 등을 주목할 수 있을 것이다.

김동환이 현실에 대해 타협적인 태도를 보이기 시작하는 시기가 대체로 『삼천리』 창간 이후라는 데는 거의 모든 논자들의 견해가 일치한다. 하지만 『삼천리』 창간 직전 그가 조선일보사의 총독부 출입기자였다는 점을 감안하면 현실에 대한 그의 타협적인 태도는 이미 그 이전부터 나타나고 있었을 가능성이 높다. 왜냐하면 최고의 권부인 조선총독부 출입기자는 아무나 할 수 있는 일이 아니기 때문이다. 따라서 그가 총독부 출입기자였다는 사실은 언론인으로서 그의 능력이 비상한 것이었음을 의미할 뿐만 아니라 이미 초기의 비판적 태도와 지사적 기개를 포기하고 어느 정도 현실에 대해 타협적인 태도를 취하고 있었을 가능성이 있음을 암시해 준다고 할 수 있다.

이와 함께 조선총독부 주최로 열린 대박람회를 계기로 총독부가 출입기자들에게 제공한 은사금(촌지)을 밑돈 삼아 『삼천리』를 창간했다는 사실은, 그가 대단히 탁월한 현실감각을 가진 인물임을 알 수 있게 해 준다. 대다수의 기자들이 총독부의 은사금을 술값 등으로 탕진해 버린 것과는 달리 그는 이를 자본금으로 삼아 『삼천리』라는 대중적 종합잡지를 창간해서 누구도 예측하지 못한 이례적인 성공을 거두었던 것이다. 그뿐만 아니라 그는 『삼천리』의 성공을 바탕으로 계속해서 『만국부인』, 『삼천리문학』 등을 발간하는 등 잡지 출판인으로서 세속적인 성공을 거두었다.

『삼천리』의 논조는 대체로 온건한 민족주의적인 색채를 지

파인 김동환 발행 잡지
앞줄 왼쪽부터 『삼천리』, 『대동아』
뒷줄 왼쪽부터 『삼천리 속간』, 『삼천리문학』, 『만국부인』

니고 있었지만, 그렇다고 해서 이념적이었다고 하기는 어렵고 대중의 취미를 따라가는 상업적인 색채가 강한 잡지였다고 하는 것이 옳다. 이 잡지에는 주로 가십성 기사가 많이 실렸고 기사의 논조나 표현에서도 대중의 기호에 영합하려는 흔적이 뚜렷하게 나타나기 때문이다. 하지만 아직 확고한 잡지 독자층이 형성되지 않은 1930년대에 이런 대중적 취향의 잡지 발간을 기획하고 실천해서 출판인으로 성공을 거두었다는 것은 김동환이 시세의 변화를 민감하게 읽을 줄 아는 감수성을 지녔을 뿐만 아니라 잡지 발행인 및 편집인으로서도 남다른 감각과 재능을 지녔음을 말해 준다.

　잡지 발행인으로서 김동환이 지니고 있던 현실 감각과 재능은 잡지를 파격적인 가격으로 판매하여 발행 부수를 급속히 늘려 간 판매 전략에서도 엿볼 수 있다. 당시 『삼천리』의 최고 발행 부수는 무려 1만 부에 달했던 것으로 알려져 있거니와, 이는 김동환이 잡지 발행인으로서 거둔 성공이 상당한 것이었음을 말해 준다. 하지만 이런 세속적 성공이 반드시 김동환에게 긍정적으로 작용했다고 할 수만은 없다. 그는 잡지를 얻었지만 그 대신 시인으로서의 명성과 선각자적 지식인으로서의 명예를 잃었기 때문이다. 『삼천리』는 발간 초기부터 다분히 현실순응적인 경향을 보여 주었고 1930년대 말부터는 점점 친일적인 색채를 노골적으로 드러내다가(『삼천리』라는 제호를 사용한 것은 1941년 12월까지였다) 1942년 3월부터는 제호를 아예 『대동아』로 바꾸고 그해 7월까지 대표적인 친일지의 하나로 명맥을 이어갔거니와, 이러한 잡지 성격의 변화는 그대로 발행인 김동환의 굴절 과정과 일치한다.

앞에서 언급한 것처럼 김동환이 『삼천리』를 발간하면서 처음 표방한 사상적 입장은 초기의 급진주의적인 면모와는 다른 온건한 민족주의였다. 『삼천리』라는 제호(題號)부터가 강한 민족주의적인 뉘앙스를 풍기거니와 김동환은 명시적으로도 '조선인 불타(不打) 조선인'(절대로 조선인을 비방하지 않는다는 뜻)의 민족주의적 입장을 편집 방침으로 내걸었다. 하지만 김동환의 민족주의는 다분히 복고적이고 감상적인 취향에서 벗어나지 못한 것이었다. 그의 사회주의가 그랬던 것처럼 그의 민족주의 역시 이념적인 것이라기보다는 차라리 감상적이고 낭만적인 성격에서 벗어나지 못한 것이었다. 그의 민족주의는 과학적 기반을 갖춘, 내면화된 이념 체계로서의 민족주의라기보다는 혈연·언어·지리·문화의 공통성에 기초하여 심정적 공동체 의식을 강조하는 보수적인 민족주의였던 것이다.

그런 점에서 김동환의 민족주의는 1920년대 중반부터 등장해서 '조선혼(朝鮮魂)' 혹은 '조선심(朝鮮心)'의 부활과 이를 위한 국민문학의 진흥을 외쳤던 국민문학파의 민족주의와 크게 다르지 않은 것이었다고 할 수 있다. 그는 일찍이 자신이 격렬하게 비판했던 국민문학파류의 복고적 민족주의로 기울어졌던 것이다. 그런 조짐은 이미 1928, 9년 경부터 조금씩 나타나기 시작했거니와, 1930년대 이후 그는 자신이 부정했던 감상적·복고적 민족주의의 함정에 완전히 빠져들었다. 이후 그는 『삼천리』를 중심으로 기행의 경험을 다룬 회고조의 풍물시나 남녀간의 연정을 노래한 연애시 같은 가벼운 소품류의 애상적 서정시들을 주로 발표했다. 따라서 1930년대의 그에게서는 더 이상 변혁에의 의욕도 새로운 창작의 경지를 개척하겠다는 시인적 야심도 찾기 어렵다.

이러한 변화의 동인을 정확하게 찾아내는 일은 대단히 어려운 일이다. 하지만 일단 잡지의 세속적 성공을 위해서 부단히 현실과 타협하지 않으면 안 되었던 점을 이런 변화의 일차적 동인으로 지적할 수 있다. 잡지 발행인으로서의 세속적인 성공과 이를 유지하려는 욕망은 결국 그로 하여금 시국(時局)에 협조하는 길을 선택하지 않을 수 없게 했던 것이다. 하지만 일단 시국에 협조하는 길을 선택하게 되자 김동환은 점점 더 현실의 논리에 깊숙이 빠져들지 않을 수 없었다. 1930년대 말부터의 노골적인 친일 행각은 그 최종적인 결과였다.

그의 친일은 그가 표방한 민족주의와 배치되는 행위였으나 의식과 실천 사이의 모순은 그에게 더 이상 문제가 되지 않았다. 그의 친일 논리는, 뒤에서 다시 살피겠지만, 얼마든지 '민족을 위한' 것으로 정당화될 수 있었기 때문이다. 하지만 그 논리가 무엇이든, 그는 사회 활동과 작품 활동을 통해서 일제가 일으킨 침략전쟁을 성전으로 미화하는 한편, 조선 청년들의 참전을 독려하는 일에 앞장섬으로써 시인으로서나 지성인으로서나 씻기 어려운 오점을 남겼다(김동환의 3남 김영식 씨는 그의 부친 파인에 관한 자료들을 정리하면서 부친을 대신하여 친일 문제에 대해 민족 앞에 사죄를 했다). 그것은 김동환 개인의 불행인 동시에 우리 근대 문학사, 더 나아가서는 우리 근대사의 비극이었다.

해방 이후 김동환의 사회 활동이나 작품 활동은 그다지 두

드러지지 않는다. 일시적으로 정치 운동에 관여하기도 했다고 하지만 확실치 않고, 다만 식민지 시대부터 자신이 주관했던 삼천리사를 복구하는 일에 주력하면서 틈틈이 작품을 썼던 듯이 보인다. 하지만 반민특위가 조직되자 그는 반민특위에 자수하여(1949) 일제 시대의 친일 행적과 관련하여 조사를 받았고, 공민권 5년 정지라는 비교적 무거운 실형을 선고받았다. 이 선고의 효력은 이승만 정권에 의해 반민특위가 강제적으로 해산되면서 유야무야되었지만 김동환은 이 일로 인해 적지 않은 정신적 타격을 받은 것으로 보인다. 그리하여 이 무렵부터 납북되기까지는 거의 칩거 상태에 머무르면서 재기를 위한 길을 모색했다.

하지만 6·25 발발 후 미처 피난을 떠나지 못했던 김동환은, 1943년경부터 동거해오던 소설가 최정희의 권유에 따라 북한 정치보위부에 자진 출두했다가 납북되었으며, 현재까지 납북 이후의 행적에 대해서는 거의 알려진 바가 없다. 그런 의미에서 시인으로서 김동환의 생애는 일단 6·25와 더불어 끝났다고 할 수 있다. 하지만 납북 이후 1952년에는 유고 수필집 『꽃피는 한반도』가 출간되었고, 그로부터 10년이 지난 후 해방 후에 씌어진 시들을 모은 『돌아온 날개』(1962)가 출간되었다. 이 밖에 부친의 생애와 문학을 복원하려는 파인의 3남 김영식의 끈질긴 노력에 힘입어 파인에 관한 자료집이 두 차례에 걸쳐 출간되었고, 최근에는 파인 김동환 전집이 출간되기도 했다.

(5) 비범에의 꿈과 평범에의 인력
 — 김동환의 퍼스낼리티(personality)


　　김동환은 '동환'이라는 이름 이외에도 다양한 아호와 필명을 사용했다. 현재까지 확인된 것만도 강북인(江北人), 김파인(金巴人), 창랑객(滄浪客), 초병정(草兵丁), 목병정(木兵丁) 등의 필명이 있고, 이 밖에도 영문 이니셜 KWH도 파인이 사용한 필명의 하나로 추정된다. 이처럼 다양한 필명을 사용한 것은 그가 상당히 복잡한 퍼스낼리티의 소유자였으리라는 짐작을 가능케 한다. 이 이름들은 때때로 멋을 부리려는 의도를 담고 있는 듯이 보이기도 하고 현실에 자족하지 않고 높은 이상을 추구하는 삶에의 의지를 내포한 것처럼 보이기도 하며 때로는 목병정이나 초병정처럼 자조적인 뉘앙스를 풍기기도 하기 때문이다.
　　이처럼 자신의 정체성을 스스로 규정하려고 애쓴 김동환의 행적으로 미루어 볼 때 김동환은 대단히 자의식이 강한 인물이었다고 해도 좋을 것이다. 대개의 사람들이 자신의 삶에 대한 뚜렷한 자각 없이 그날그날 살아가는 것에 비해서 그는 시세와 상황의 변화에 따라 부단히 자신이 추구하는 삶의 방향을 조정하고 자신의 정체성을 새롭게 규정하려고 애썼기 때문이다. 특히 이 점은 자신이 선택한 명호(名號)에 대해서 그때그때 남겨 놓은 변(辯) — 이것도 대단히 특별한 경우다. 필명을 사용한 시인이나 작가는 김동환 이외에도 많이 있지만 자신이 사용한 명호의 의미를 그때그때 해설한 경우는 거의 없기 때문이다——을 통해서 대충 짐작할 수 있다.

가령 그가 가장 즐겨 사용했고 가장 널리 알려진 '파인'이라는 아호는 ≪동아일보≫에 〈북청 물장수〉(1924. 10. 13)를 발표하면서부터 사용하기 시작한 것인데, 이에 대해 그는 다음과 같은 설명을 남기고 있다. 즉, 파인이란 아호는 파촉(巴蜀)의 도읍을 뜻하는 것으로 삼국지에 나오는 유비처럼 십 년간 지혜와 힘을 길러 세상에 나서리라는 뜻과 험한 파촉의 길처럼 인간 세상의 맨 밑바닥을 순교자 같은 걸음으로 묵묵히 파 들어가 보자는 뜻을 담고 있다는 것이다(「독자 제현에 보내는 편지」, 『삼천리』, 1937. 1). 이런 설명으로 미루어 보면 김동환은 파인이라는 아호에 인생의 참뜻을 밝히기 위해 각고면려하겠다는 시인다운 의지와 함께 세상을 압도하겠다는 야심을 담고 있다고 할 수 있다.

또 ≪동아일보≫에 평론「문학혁명의 기운」(1924. 10. 13 ~ 20)이란 평론을 발표하면서 처음 쓴 취공(鷲公)이라는 아호는 창공을 나는 독수리의 기상을 닮고 싶은 자신의 소망을 담은 것이라고 한다(「독자 제현에 보내는 편지」, 『삼천리』, 1937. 1). 뭇 날짐승과는 달리 독수리처럼 표표(飄飄)하게 창공을 날고 싶어했다는 이런 진술에서 우리가 읽어낼 수 있는 것은, 자신을 중인(衆人)들과 차별화하려는 파인의 의지이다. 다시 말해서 그는 '취공'이라는 아호에 범속한 일상사에 얽매여 살아가는 중인들과는 달리 더 높은 가치를 실현하기 위해 고고한 삶을 살겠다는 뜻을 부여하고 있는 것이다.

이처럼 김동환이 자신의 이름에 자신의 소망과 기대를 담는 일은, 일제 말기의 창씨개명 과정에서도 확인된다. 그는 일제 말기에 백산청수(白山靑樹)로 창씨개명을 했거니와, 박계주의 회고(「납치된 『국경의 밤』의 시인 인간 파인」, 『자유문학』, 1963. 1) 에 따르면, 이는 일본이 아무리 압박하더라도 조선(白山 — 백두산)의 얼(靑樹 — 나무)은 죽지 않고 언제나 푸르청청하리라는 뜻을 담고 있는 이름이라고 한다. 박계주의 회고대로라면 김동환은 일제 말기의 암담한 상황에서도 결코 민족의 장래에 대한 희망과 기대를 잃지 않고 있었던 것이다. 그리고 만일 그렇다면 그가 이렇게 창씨개명을 한 것은 은연중 일제의 민족말살정책을 야유하는 뜻을 담은 행위로 이해할 수도 있을 것이다.

하지만 김동환이 반드시 자신의 명호에 대해 설명한 그대로 살았다고 할 수는 없을 듯하다. 앞에서 개관한 그의 생애에서 알 수 있듯이 그가 실제 삶에 있어서 더 높은 가치를 실현하기 위해, 그리고 인생의 참뜻을 밝히기 위해 현실의 고통을 기꺼이 감수하면서 살았다고 보기는 어렵기 때문이다. 그는 그의 일생 중 가장 급진적이었던 20대 초반의 몇 년간을 제외한 나머지 생애의 대부분을 현실에 안주하면서 살았고, 민족의 내일을 기약하면서 은인자중하기보다는 친일의 길에 나서는 오욕의 삶을 살았기 때문이다. 그런 점에서 그의 객관적 삶과 주관적 소망 사이의 불일치는, 좀 심하게 말하면, 위선적이라고 해도 좋을 만큼 두드러진다고 할 수 있다.

하지만 앞에서 살펴본 그의 진술들을 온통 위선의 증거로 단정지을 수는 없다. 결과적으로는 자신의 추구하던 삶에서 벗어난 삶을 살았다고 하더라도 그 나름으로는 자신이 진술한 그대로 살기 위해 노력했다고 할 수도 있기 때문이다. 그리고 지향과 실제 삶 사이의 불일치는 김동환만의 특별한 경우가 아니라 보통 사람들의 일반적인 경험이기도 하다. 따라서 중요한 것은, 그가 제시한 삶의 방향과 실제 삶 사이의 불일치를 강조하면서 그의 위선을 비난하는 것이 아니라, 왜 그가 자신에게 쏟아질 도덕적 비난의 위험성에도 불구하고 그런 식으로 자기가 추구하는 삶의 방향을 명시했는가, 그리고 그렇게 했음에도 불구하고 어째서 자신이 추구하는 삶의 방향에서 일탈된 삶을 살았는가를 따져 보는 것이라고 할 수 있다.

그렇다면 김동환이 도덕적 비난의 위험성에도 불구하고 자기 삶의 방향과 정체성을 규정하고 이를 대중들에게 공개한 이유는 무엇일까? 이 점은 우선 김동환이 보여 준 다양하고 다면적인 삶의 굴곡과도 관련된다고 보인다. 실제로 김동환은 명성을 날리던 신문기자였고, 성공한 잡지 출판인이기도 했으며 문인이었다. 또 문인으로서도 그는 시만 쓴 것이 아니라, 소설과 희곡도 썼고, 평론도 발표했고 일정하게 평단의 인정을 받았다. 이처럼 자신이 선택한 직업에서나 문학 활동에서도 일정한 성공을 거두고 대중적 명성까지 얻은 그로서는 자칫 삶의 방향 감각을 상실하거나 대중적 명성에 도취하지 않기 위해서라도 자기 나름대로 자신을 추스를 필요가 있었다고 할 수 있다. 다시 말해서 삶의 매순간 자신이 추구하는 이상을 명백히 함으로써 조그만 세속적 성취에 자족하고 싶어하거나 흔들리는 자신의 삶을 다잡을 필요가 있었던 것이다.

따라서 이런 진술들에서 우리는, 현실 속에서의 자기 모습과 삶에 대해 확신을 갖지 못한 김동환의 불안한 내면을 읽어낼 수도 있고, 다른 한편으로는 현실에 자족하지 못하고 더 높은 가치를 추구하고자 했던 삶의 열정을 확인할 수도 있으며, 또 다른 한편으로는 타인의 인정(認定)에 목말라 했던 김동환의 은밀한 욕망을 읽어낼 수도 있다. 그만큼 김동환의 내면은 서로 모순되는 욕구와 충동들이 갈등하는 역동적인 공간이었던 것이다. 이처럼 그의 내면을 가득 채우고 있던 다양한 욕구와 충동들 사이의 역동적인 긴장과 갈등은 그로 하여금 나태하고 정체된 삶을 살지 않게 만든 중요한 동인일 수 있었다. 끊임없이 새로운 것을 추구하고 현재의 자기를 넘어서기 위해 애쓰는 과정은, 누구에게나 마찬가지이지만 인간적 발전의 동력이 되는 것이다. 하지만 한 개인에게 그런 역동적인 발전의 기회가 제공되는 것은, 그가 속한 사회가 건강한 경우에 한정된다. 이에 비해 김동환이 살았던 식민지 조선 사회는 한 개인의 내면을 채우고 있는 다양한 욕구와 충동들을 긍정적인 방향으로 조화시키거나 전환시키기에는 지나치게 열악한 사회였다.

 그런 의미에서 한때는 급진적 개혁주의자이자 마르크스주의자였고, 사회주의 사상이 일제 당국의 노골적인 탄압에 직면할 무렵에는 급진적 개혁론자의 면모에서 벗어나 소극적인 민족주의자로 탈바꿈했으며 1930년대 말에는 대표적인 친일 인사의 한 사람으로 변신하기도 하는 등 때와 장소에 따라 기민하게 변신하는 능력을 보여 준 김동환에게 도덕적 비난만을 가하는 것은 정당한 일이 아닌지도 모른다. 그가 보여 준 비극적인 삶의 굴절은——비록 세속적으로 성공한 것처럼 보이더라도 스

경기도 파주시 금촌1동 266-1 7통 3반
기독교 대한감리회 서울지방묘역 내  김동환·신원혜 합장묘

스로 자신의 신념과 이상을 배반해 가는 과정이었다는 점에서 그의 삶은 비극적인 것일 수 있다——식민지의 자장(磁場) 속에서 불가피한 것일 수도 있었기 때문이다.

## 3

# 김동환의 시세계 개관

　김동환은 납북될 때까지 약 26년간에 걸쳐 두 권의 서사시집과 이광수, 주요한과 함께 펴낸 공동시집 『3인시가집』(1929), 그리고 『해당화』(1942) 등의 시집을 포함하여 무려 400여 편에 달하는 시를 발표했다. 물론 이는 일차적으로 그 자신이 잡지 출판인이어서 다른 사람보다 지면을 얻기 쉬웠다는 이점 때문일 수도 있겠지만(실제로 그의 작품 중 상당수가 『삼천리』에 발표되었다), 이와 함께 김동환 자신의 창작의욕과 열정이 대단히 높았음을 말해 준다. 이 점에서 김동환은 시인으로서 단명했거나 과작(寡作)이었던 1920년대의 다른 시인들과 뚜렷하게 구별된다.
　창작에 대한 김동환의 열정은, 그가 자신의 장기인 시만이 아니라 장편소설 1편과 단편소설 2편, 그리고 8편의 희곡, 거의 100여 편에 달하는 수필과 평론을 남기고 있다는 사실을 통해서도 확인된다. 이런 왕성한 문단 활동과 필력으로 볼 때 김동

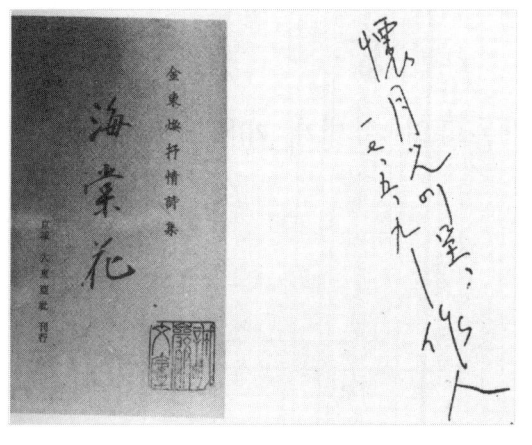

◀
1942년 5월 9일 시집
『해당화』를 박영희에
게 증정

환은 육당이나 춘원과 함께 본격적인 의미에서 문필(文筆)을 업(業)으로 삼았던 최초의 인물들 중의 하나라고 해도 좋을 것이다. 하지만 이처럼 다방면에 걸쳐 왕성한 문필활동을 벌였다고 해도 김동환의 주된 관심 영역은 역시 시였다. 따라서 그를 소설가나 극작가 또는 평론가라고 부르기보다는 시인이라고 부르는 것이 타당하다. 또 그의 문학사적 위치와 의미에 대한 기술 역시 시인으로서의 삶과 업적에 초점을 맞추지 않을 수 없다.

공식적인 간행물에서 확인할 수 있는 김동환의 첫 작품은 중동중학 재학시절인 1920년 10월 『학생계』지에 발표한 〈이성규(異性叫)와 미(美)〉라는 제목의 작품이었다. 이 작품은 아직 사춘기적 감상에서 벗어나지 못한 습작품에 지나지 않지만 봉건적인 윤리와 관습을 부정하고 남녀간의 애욕을 긍정하는 내용을 담고 있어 이후 그의 시세계가 전개되어 나갈 방향을 어렴풋하게나마 시사해 준다. 하지만 김동환의 공식적인 문단 데뷔는 이 습작품이 발표된 뒤로부터 한참 지난 1924년의 일이었다. 관동대진재로 인해 학업을 중단하고 귀국한 김동환은 그의 중동학교 동창 양주동이 주관하던 『금성』 제3호에 역시 양주동의 주선으로 〈적성을 손가락질하며〉를 발표함으로써 공식적으로 문단에 발을 들여놓게 되는 것이다.

김동환이 문단에 등단할 무렵은 이른바 신경향파 문학이 문단에서 확실한 세력을 형성해 가고 있었던 시기였다. 이미 1923년 무렵부터 동인지 『백조』의 감상주의에 대한 박종화나 김기진의 자기 반성이 제기된 바 있었고, 이어서 『개벽』을 무대로 계급문학에 대한 논쟁이 전개되기도 하는 등 신경향파 문학은 거스를 수 없는 문단의 대세를 이루어 가고 있었다. 이러한 문단 흐름의 기본적인 내용은 동경 유학생 출신 지식인들을 중심으로 형성된 감상적이고 퇴폐적인 문학에서 벗어나 식민지 조선 현실을 직시하고 개혁하는 데 기여할 수 있는 문학이 필요하다는 것으로 요약할 수 있다. '헐가(歇價)의 연애 문학'에 대한 '역(力)의 예술, 역의 문학'이 새롭게 제기된 문학의 방향이었거니와, 신경향파의 등장이나 프로문학의 대두는 단순히 사회주의 사상의 영향이라는 외부의 충격 때문만이 아니라 이런 문단 내적 요구에 부응한 것이기도 했던 것이다.

이와 함께 시에서는 초기 자유시의 산문적 율조와 모호한 내용에 대한 반성이 제기되기도 했다. 황석우와 현철의 논쟁에서 보듯 자유시의 밋밋하고 산문적인 율조와 모호하고 몽롱한 내용에 대해서 문단 내외에서 비판이 제기되기도 했고, 한때 자유시를 주창했던 시인들 사이에서도 음악성이 부족한 자유시에 대한 반성이 제기되었다. 특히 자유시의 선구자 역할을 했던 주요한이나 김안서 같은 시인들은 자유시의 가능성에 대한 회의를 토로하면서 ── 이들은 1930년대에 이르면 각기 시조나 민요조 서정시, 또는 이른바 격조시 같은 정형시 양식으로 회귀했다 ── 조선말의 아름다움과 힘에 대해 관심을 가질 것을 촉구하기도 했다. 이런 반성들이 자유시를 향해 나아가는 근대시의 큰 물줄기를 바꾸었다고 할 수는 없지만, 일단 조선말의 힘과 아름다움에 대한 관심은 근대시 초기의 어설픈 서구 취향이나 관념성, 그리고 산문적 율조를 극복하는 데 일정하게 도움이 되기도 했다. 특히 조선말의 힘과 아름다움에 대한 관심은 조선혼, 조선심의 고취를 부르짖은 국민문학파의 민족주의 이념과 결합하면서 이른바 시조부흥운동, 민요조 서정시 운동으로 귀결되었다.

　이상에서 간략하게 요약한 것처럼 김동환이 등단하던 1920년대 중반은 시인이나 소설가들의 개인적인 성향이나 각자가 지향하는 이념에 따라 문단이 좌우로 갈라지는 시기였다. 계급문학을 표방한 카프와 국민문학으로서의 시조 부흥과 민요조 서정시 운동에 관심을 기울인 국민문학파 ── 이 명칭은 다소 오해의 여지가 있다. 카프가 일정한 강령과 규율을 지닌 조직이었음에 비해 국민문학파란 그런 조직체가 아니라 국민문학의 이념에 동조하는 일군의 시인, 작가들을 지칭하는 편의적인 용어이기 때문이다 ── 는 당대 문단을 대표하는 두 세력이었다. 하지만 이 시기 문단의 좌우 대립이 오늘날과 달리 꼭 적대적이었다고 할 수만은 없다. 양 진영은 서로의 이념적 입장에 대해 비판적이기는 했으나 교류를 단절할 정도로 적대적이었던 것은 아니었기 때문이다. 또 경우에 따라서는 이 양 진영에 대해 절충적인 태도를 취하는 문인들도 있었으니, 이 시기의 문단 지형도는 오늘날과 상당히 유사했다고도 할 수 있다.

  김동환은 이런 상황 아래서 이례적으로 양 진영으로부터 모두 환영을 받으며 화려하게 문단에 등장했다. 그의 데뷔작〈적성을 손가락질하며〉는 도회적 감상에서 벗어나지 못한 당시 시단에 북방이라는 새로운 세계와 남성적이고 대륙적인 정조를 보여 주었다는 점에서 좌우 양 진영 모두의 관심을 끌었던 것이다. 게다가 그는 곧바로 오늘날까지도 널리 애송되는〈북청 물장수〉를 발표하면서 다시 한번 문단의 주목을 받았다. 그러나 그의 문학사적 위치를 결정지은 것은 그 이듬해에 발표한 두 편의 서사시였다. 그는 1925년 초『국경의 밤』을, 그리고 같은 해 말에는 관동대진재를 소재로 한『승천하는 청춘』이란 서사시를 잇따라 발표함으로써 우리나라 초유의 근대적 장편 서사시인으로 확고한 문단적 지위를 얻게 되는 것이다. 이 작품들은 모두 그 자신의 원체험과 동경 유학 체험에 바탕을 둔 것으로, 그는 자신이 지닌 문학적 자산을 최대한으로 활용함으로써 단기간에 문학사에서 쉽게 지워지지 않을 자리를 마련하는 탁월한 능력을 보여 주었다. 그리고 이렇게 마련된 문학사의 자리는 오늘날까지 한번도 도전을 받지 않은 채 그에게 맡겨져 있다.

  하지만 문단에 데뷔한 뒤 김동환이 보여 준 시의 경향이 어떤 일관된 흐름을 지니고 있다고 하기는 어렵다. 오히려 1920년대 말에 이르기까지 김동환의 시 경향은 당시 문단을 양분하고 있던 흐름들로부터 민감하게 영향을 받으면서 부단히 동요했다고 하는 편이 타당하다. 현실의 급격한 변화를 꿈꾸는 젊은 시절의 호기와 변혁의 당위성에 대한 자각 때문에 이념적으로는 카프 쪽에 기울어져 있었지만, 기질적으로 그는 이념적이라기보다 다분히 낭만적인 성향이 강한 인물이었고 따라서 국민문학파가 내세운 민족주의에 더 강하게 끌리고 있었던 것이다. 1920년대 중반의 김동환에게서 변혁에 대한 열망을 표현한 작품이나 과격한 계급주의에 기울어진 작품만이 아니라, 종종 계급문학의 이념에 동조하는 자신의 주장과 정면으로 배치되는 작품, 예컨대 애상적인 민요조 서정시들도 다수 발견되는 것은 이 때문이다.

이런 이념과 감성의 괴리는 그의 양식 선택에도 일정하게 영향을 미친 것으로 보인다. 서사시 내지 서술적 성격이 두드러진 그의 초기 시들이 주로 현실에 대한 비판적 인식과 변혁의 당위성을 강조하는 이념의 요구와 관련된 것이라면, 서정성과 음악적인 율조가 두드러지게 강조된 민요조의 단형 서정시는 주로 그의 생래적인 감각이나 기질과 관련된 것이라고 할 수 있다. 이처럼 이념적으로는 사회주의와 민족주의 사이에서 동요하고 양식 면에서는 서사성이 강한 시와 서정성이 강한 시가 함께 공존하는 양상은 1930년대에 이르기까지 그대로 지속된다. 그런 점에서 등단 후부터 1920년대 말까지의 시기는 변혁에 대한 욕구와 현실 속에 안주하고자 하는 욕망, 그리고 서사적 충동과 서정적 충동이 서로 대립하고 갈등하는 시기였다고 할 수 있다.

하지만 김동환이 보여 준 이 같은 의식과 감성의 괴리, 시 양식의 미결정(未決定) 상태는, 따지고 보면 그만의 문제는 아니었다. 의식적인 면에서는 과격하고 급진적인 면모를 보이지만, 내면에서는 보수적이고 소시민적 감상에서 벗어나지 못한 모습을 드러내는 것은 1920년대 시인들에게서 흔히 볼 수 있는 현상이었기 때문이다. 사실 일찍이 일본 유학을 통해서 근대 문명의 세례를 받은 1920년대의 지식인들이 낙후한 조선의 현실, 그리고 자신들을 옭아매고 있는 봉건적인 윤리와 관습에 대해 강한 반감을 가진 것은 별로 이상한 일이 아니었다. 하지만 이제 갓 약관의 나이를 지난 그들은 현실적으로 아무런 삶의 물질적 기반을 갖지 못한 부동하는 존재들이었다. 따라서 그들이 아무리 현실에 대해 반감을 가지고 있었다 하더라도 완고한 봉건적 윤리와 관습이 지배하는 조선 사회에서 실제로 할 수 있는 일이란 사실상 별로 없었다. 여기서 초래된 무력감과 좌절감, 그리고 20세 전후라는 생리적 연령은 쉽사리 그들을 감상으로 몰아갔다. 1920년대 초의 시에서 뚜렷하게 나타나는 감상의 범람 현상은 대체로 이런 맥락에서 이해할 수 있다.

하지만 이런 감상주의적인 경향은 때때로 과격하고 급진적인 변혁의 열정과 결합되기도 했다. 특히 마르크스주의의 이론적 명석함과 실천적 경향은 현실의 변혁을 열망하는 젊은 지식인들을 크게 매료시켰다. 마르크스주의가 주장하는 계급해방의 명분은 식민지 조선 사회에서 상당한 도덕적·윤리적 정당성을 지닌 것으로 받아들여졌고 혁명적 실천에 대한 강조 또한 혈기 넘치는 젊은 지식인들을 매료시킨 중요한 요인이었다. 마르크스주의는 식민지 현실을 변화시킬 수 있는 가장 강력한 대안 중의 하나로 받아들여졌던 것이다. 1920년대 중반부터 10년간에 걸쳐 카프가 강력한 문단 조직을 형성하고 문학운동을 주도할 수 있었던 것은 그 때문이었다.

김동환의 초기 시에서 나타나는 급진주의적인 경향도 이런 맥락에서 이해할 수 있다. 김동환은 등단 초기부터 기성의 제도와 관습에 대한 강렬한 반감을 드러냈고 현실 변혁에 대한 강한 열망을 보여 주었다. 하지만 비슷한 시기에 발표된 다른 시들에서는 감상적인 면도 두드러지게 나타난다. 어떤 면에서는 감상적이고 관념적인 현실인식이 그의 급진주의를 더욱 부추겼다고 해도 좋을 정도다. 가령 『국경의 밤』에서는 제도와 관습 때문에 사랑을 맺지 못한 청춘 남녀의 비극을 그렸고 『승천하는 청춘』 역시 제도와 관습의 압력 때문에 헤어졌던 남녀가 사랑과 행복을 성취할 수 있는 유토피아로 비상하는 모습을 그렸다. 그런 점에서 이 시들은 모두 자유로운 사랑의 성취를 가로막는 봉건적인 윤리와 관습과 제도에 대한 적대감과 변혁에의 열정을 그렸다고 할 수 있다. 하지만 이 급진주의적 열정은 대개 구체적 방향성이 결여된 관념적인 것이었고 그 밑바닥에는 변혁에 대한 굳건한 신념과 의지가 아니라 막연한 감상이 깔려 있었다.

현실에 대한 막연한 반감은 김동환을 손쉽게 마르크스주의와 계급문학으로 이끌었다. 김동환도 다른 지식인들과 마찬가지로 마르크스주의에서 자신의 관념적 급진주의를 현실화할 수 있는 가능성을 엿보았던 것이다. 하지만 변혁에 대한 갈증을 해소해 줄 수 있는 대안적 이념으로 선택한 사회주의는 김동환에게 어울리는 것이 아니었다. 그는 본질적으로 자유주의자였고 로맨티스트였으며, 따라서 이념의 압력에 얽매어 있기 어려웠다. 사회주의는, 다른 많은 지식인들에게도 그랬지만 김동환에게 있어 단순한 시대의 유행이자 지적 장신구에 지나지 않았던 것이다.

더구나 1920년대 말부터 일제의 사상탄압이 가속화되는 상황에서, 성공한 기자이자 잡지 출판인으로도 성공가도를 달리고 있던 김동환이 이런 일시적인 지적 유행에 계속 관심을 가지기는 어려웠다. 어떤 경우든 급진주의란 변혁을 위한 기득권의 포기를 전제로 하거니와, 이미 잃을 것을 너무 많이 가지고 있었던 김동환이 급진주의와 가까운 관계를 유지하기는 힘들었던 것이다. 따라서 김동환은 이내 사회주의로부터 등을 돌리게 되었고, 그의 낭만적 기질에 부합하는 소박한 민족주의가 급진적 이념의 빈자리를 채웠다. 하지만 이 민족주의는 한때 그가 격렬하게 비판했던 국민문학파의 민족주의와 다르지 않은 것이었다.

결국 김동환은 사상적으로는 민족주의에 기댐으로써, 그리고 양식상으로는 민요조 서정시에 안착함으로써 초기의 혼란 — 이 혼란은 사상적인 면과 문학적인 면 모두에 걸친 것으로, 어떤 면에서는 독자적인 시세계를 개척하기 위한 진통일 수도 있었지만 김동환의 경우에는 별로 생산적인 결과를 낳지 못했다는 점에서 그저 혼란이라고 해도 좋을 것이다 ── 을 마무리한다. 하지만 그의 민요조 서정시는 미숙한 독자들의 취향에 영합하는 애상적이고 회고조의 정서를 표현하는 데 그쳤고 소박한 공동체적 감정에 기댄 그의 민족주의는 그를 조금씩 현실과 타협하는 길로 인도했다. 그 결과 1930년대에 이르게 되면 김동환은 이미 낙후한 조선 사회를 개혁하겠다는 의지와 열정, 그리고 새로운 시세계를 개척하겠다는 시인으로서의 야심을 포기한 채 이미 얻은 명성 속에 안주하게 된다.

1930년대 이후 김동환의 사상적 지향과 시세계는, 친일의 길에 나서게 되는 1930년대 말까지 비교적 단순하고 일관된 모습을 보여 준다. 그는 사상적으로는 온건하고 타협적인 민족주의자였고 문학적으로는 소박하고 애상적이면서 향토적인 서정을 담은 민요조 서정시를 쓰는 평범한 시인이었다. 1920년대 말까지의 시에서 드물지 않게 찾아볼 수 있었던 서사적인 충동과 급진적인 변혁의 열정들이 사라지는 대신 현실 순응주의적인 태도를 보여 주는 시들이 주류를 이루게 되는 것이다. 그런 점에서 이 시기의 시는 후일 친일의 길에 나서게 될 조짐을 앞질러 보여 주는 것으로 평가되기도 한다. 그러나 1930년대의 시를 곧바로 친일의 조짐을 보여 주는 것으로 보는 결과론적 해석을 곧이곧대로 받아들이기는 어렵다.

적어도 1930년대까지의 김동환은, 그 자신이 믿고 있었던 것처럼 민족주의자였고 그의 민요조 서정시는 그가 지닌 소박한 민족주의의 문학적 표현이었기 때문이다. 물론 이 민요조 서정시들은 대부분 남녀간의 연정을 소재로 했거나 향토 풍물이나 역사적 유물 등에 대한 회고적 감상을 노래한 것이 많아서 퇴영적인 성격이 강했다. 따라서 김동환이 1930년대에 발표한 민요조 서정시에 대해서 문학사적으로 높은 평가를 내리기는 어렵다. 서사시인으로서의 김동환은 누구도 넘보기 어려운 독보적인 존재였지만, 민요조 서정시인으로서는 김소월이라는 뛰어난 시인의 뒷전에 자리를 잡은 많은 시인들 중의 하나에 지나지 않았던 것이다.

1930년대 말 이후에 발표된 김동환 작품들(시, 수필, 평론)에 대해서는 이미 친일문학이라는 평가가 내려진 지 오래다. 김동환의 친일시들은 특히 1942년에 대동아사에서 간행된『해당화』라는 시집에 다수 수록되어 있거니와, 이 시들의 대부분은 일제의 대동아 공영권의 논리를 선전하거나 일본의 침략 전쟁을 미화하는 한편, 조선 청년들에게 태평양전쟁에 참가할 것을 독려하는 내용으로 되어 있다. 따라서 이 작품들에서 어떤 심미적 가치를 기대하기도 어렵고 이를 문학사적으로 평가하기도 어렵다. 하지만 그의 친일 행위에 대한 윤리적 단죄보다 더 중요한 것은, 그 친일의 논리를 이해하고 그것을 극복할 수 있는 대안을 모색하는 것이라고 할 수 있다. 뒤에서 다시 살펴보겠지만, 김동환의 친일 행위가 단순히 매도와 비난의 대상에 머물지 않고 문학사 연구의 대상이 되어야 하는 것은 이런 맥락에서이다.

이상과 같이 김동환의 문학적 생애를 정리해 보면, 자연히 그의 문학적 생애 가운데 의미있는 부분은 등단 직후로 한정된다고 할 수 있다. 하지만 그렇다고 해서 그의 초기 시만을 다루는 것은 온당치 않다. 적어도 그의 초기 시가 지닌 문학사적 의미가 제대로 드러나기 위해서는 그 이후의 시적 변모 과정도 세밀하게 고찰되어야 하기 때문이다. 그리고 이를 통해서 수많은 시인들이 자신들이 속한 공동체에의 의무를 배반하는 길을 걷게 되는 1930년대 말부터 해방까지 우리 문학사에 드리운 어두운 그늘을 들여다볼 수 있는 시야를 얻을 수 있게 될 것이다. 이런 시각에 기초하여 이 글에서는 김동환의 시적 변모 과정을 크게 네 시기, 즉 1920년대와 1930년대, 그리고 일제 말기의 친일문학과 해방기에 쓰어진 시들로 나누어 살펴보게 될 것이다.

하지만 1930년대와 일제 말기의 시들과는 달리 1920년대의 시들은 좀더 세분해서 살펴볼 필요가 있다. 이 시기는 앞에서 언급한 대로 김동환 자신이 막연한 급진주의에서 마르크스주의를 거쳐 민족주의로 나아가는 사상적 변모를 겪었고, 양식 면에서도 서사시와 일반적인 의미의 서정시, 그리고 민요조 서정시를 쓰는 등 간단하지 않은 모습을 보여 주기 때문이다. 또 민요조 서정시의 경우도 단순히 민요를 개작해서 소개한 것과 그 자신이 창작한 서정적인 민요조 서정시들이 혼재하고 있으므로 좀더 세심하게 다룰 필요가 있다.

1930년대 전 기간에 쓰어진 작품들은 문학사적으로 그다지 의미가 있다고 보기는 어렵다. 이 시기에는 주로 남녀간의 연정이나 애정의 갈등을 다룬 가벼운 연애시나 향토 풍물 혹은 사적지를 둘러보면서 쓴 회고조의 기행시들이 민요조 서정시의 형식을 빌어 쓰어졌기 때문이다. 물론 이 가운데 몇몇 작품은, 가락을 붙이기에 용이한 정형적인 율격과 서정적인 내용들로 인해 가곡으로 작곡되어 널리 불리는 것들도 있지만 문학사적으로 크게 가치가 있다고 하기는 어렵다. 따라서 이 시기의 김동환은 본격적인 의미의 시인이라기보다는 기왕의 명성과 자신이 발행자로 있던 매체에 의존해서 시인으로 활동했다고 하는 것이 옳다고 보인다.

1930년대 말부터 해방되기까지의 시기는 그의 이력 중에서 가장 불명예스러운 기간이었다. 그는 대표적인 친일문사의 한

1934년 8월 15일 서울 종로 백합원 누상에서

사람으로 친일적인 시와 평론을 발표하고, 단체활동에 앞장을 섰다. 일제에 의해 유포된 대동아 공영권의 사상에 기대어 씌어진 이 시기의 시는, 엄밀한 의미에서 시라고 하기 어려울 정도였다. 이 시들은 대부분 일본의 침략전쟁을 미화하고 조선 청년들의 참전을 독려하는 선전문의 수준에 머물고 있기 때문이다. 따라서 이 시기의 시들에서 문제 삼아야 할 것은 대동아 공영권의 논리에 쉽게 굴복할 수밖에 없었던 그의 허약한 민족주의와 친일의 논리라고 할 수 있다.

마지막으로 해방 이후부터 납북되기까지의 시기는 시인 김동환의 삶에서 문자 그대로 부록 같은 것이었다. 그는 이 시기에 반민특위에 의해 공민권이 정지되는 등의 수난을 겪으면서도 그 나름으로 계속 창작을 하지만 이미 그의 시는 문학사적 의미망 밖에 자리하고 있었던 것이다. 하지만 이 시기의 시는 김동환이 해방기의 현실을 어떻게 인식했는지, 그리고 그러한 현실인식이 이전의 시와 어떤 관련을 맺고 있는지 이해할 수 있는 좋은 단서가 된다.

# 4

# 서사적 충동과 서정적 충동의 갈등

― 1920년대의 시 ―

## (1) 서사적 충동의 단초
― 북방정서

김동환의 문학적 출발점은, 그가 성장하는 과정에서 보고 듣고 겪은 모든 것, 즉 자신의 원체험을 형상화하는 것이었다. 그 가운데서도 이 지역의 가혹한 자연환경과 중국·소련·조선(일본)이 국경을 마주 대고 있는 복잡하고 긴장된 지정학적 조건들, 그리고 때때로 출몰하는 마적떼와 만주로 가는 유이민들의 모습은 이 원체험의 가장 중요한 내용이라고 할 수 있다. 김동환은 이런 원체험을 근거로 당대 문단에 거칠게 도전장을 내밀고 '북방정서'를 전매 특허로 당당하게 문단에 입성을 한 것이다. 이 도전은 소시민적 감상에 젖어 있던 문단에 큰 충격을 주었고, 그는 등단과 함께 문단의 주목을 받았다. 그런 의미에서 김동환에게 있어 북방, 함경북도 경성은 생리적인 고향인 동시에 문학적 고향이라고 할 수 있다.

이 북방정서는 김동환의 대표작인 『국경의 밤』의 토대가 되었을 뿐만 아니라 1920년대에 발표된 그의 다른 서정시들에도 적지 않은 자양분을 제공했다. 그의 북방은 엄혹한 자연환경과 함께 항일운동에 투신한 지사들의 열정과 투혼과 좌절의 아픔이 배어 있는 곳이자, 만주 유이민들의 비극이 서려 있는 곳이었다. 이 북방의 모습과 북방정서는 김동환의 초기 시에서 여러 가지 형태로 변주되고 있다. 따라서 김동환의 초기 시를 이해하기 위해서, 그리고 그의 대표작인 『국경의 밤』을 이해하기 위해서는 반드시 이 북방 정서의 문제를 짚고 넘어가지 않으면 안 된다. 이를 위해 먼저 그의 데뷔작인 〈적성을 손가락질하며〉를 살펴볼 필요가 있다.

1) 〈적성을 손가락질하며〉

김동환에게 '북방 정서'를 시단에 소개한 시인이라는 평가를 가져다 준 작품은 그의 데뷔작인 〈적성을 손가락질하며〉였다. 이 작품은 대륙적이고 남성적인 강렬함, 가혹한 자연환경과 삼엄한 분위기 속에서 전개되는 처절한 삶의 모습을 내세워 당대 시단의 주목을 받았다. 따라서 이 시는 단순히 데뷔작이라는 의미에서만이 아니라 김동환의 문학세계를 이해할 수 있는 단초가 된다는 점에서 세심하게 분석해 볼 필요가 있다. 왜냐하면 이 작품은 그 뒤에 발표된 『국경의 밤』과 서사시와 서정시라는 장르적 차이에도 불구하고 서로 긴밀하게 연결되어 있을 뿐만 아니라, 어떤 의미에서는 『국경의 밤』을 쓰기 위한 예비적

구도를 보여 주는 작품이라고 할 수 있기 때문이다.

김동환이 출발부터 기성 문단에서 발표되는 서정시들과는, 소재와 분위기가 판이하게 다른 시를 들고 나온 것은 그가 기성 시단의 시인들과 시에 대해 강한 불만을 지니고 있었고 동시에 자신을 다른 시인들과 다른 존재로 부각시키려는 강한 욕망을 지니고 있었음을 말해 준다. 그도 그럴 것이 1920년대 초기 시란 대부분 도회적인 감수성과 여성적인 취향, 그리고 소시민적 감상을 토로하는 데 그쳤기 때문이었다. 이에 대해 김동환이 다룬 세계는 오랫동안 지식인들의 관심권 밖에 머물러 있던 변경이었고 더욱이 일체의 감상이 끼어들 여지없는, 가혹한 자연 환경과 복잡하고 긴장된 지정학적인 조건 속에서 형성된 독특한 분위기와 강한 생활의 체취를 간직한 세계였다. 〈적성을 손가락질하며〉가 문자 그대로 당대 문단에 대한 하나의 도전일 수 있었던 것은 이런 이유 때문이었다.

　　북국에는 날마다 밤마다 눈이 오느니
　　회색 하늘 속으로 눈이 퍼부슬 때마다
　　눈 속에 파묻기는 하—얀 북조선이 보이느니

　　가끔 가다가도, 당나귀 울리는 눈보래가
　　막북강 건너로 굵은 모래를 쥐어다가
　　추위에 얼어 떠는 백의인의 귓불을 때리느니

　　춥길래 멀리서 오신 손님을
　　부득이 만류도 못하느니
　　봄이라고 개나리꽃 보러온 손님을
　　눈발귀에 실어 곱게도 남국에 돌려보내느니

백웅(白熊)이 울고 북랑성(北狼星)이 눈깜빡일 때마다
제비 가는 곳 그리워하는 우리네는
서로 부둥켜안고 적성(赤星)을 손가락질하며 빙원(氷原)벌에서 춤추느니
모닥불에 비취는 이방인의 새파란 눈알을 보면서

북국은 추워라, 이 추운 밤에도
강녘에는 밀수입마차의 지나는 소리 들리느니
얼음장 깔리는 소리에 쇠방울소리 잠겨지면서

오오, 저 눈이 내리느니 보―얀 눈이
북색(北塞)으로 가는 이사꾼 짐 위에
말없이 함박같은 눈이 잘도 내리느니
　　　　―〈적성을 손가락질하며〉 전문(『금성』 제3호, 1924. 5) ―

이 작품은 끝없이 눈보라가 몰아치는 음산하고 을씨년스러운 분위기와 휜곰이 울고 북랑성(北狼星)이 깜빡이고 이방인들이 끊임없이 내왕하는 국경지방의 이국적인 분위기, 그리고 국경 수비대의 삼엄한 경계망을 뚫고 얼어붙은 두만강을 건너 소금을 밀수출해서 근근이 생계를 유지하는 국경 지방 사람들과 만주로 이주해 가는 조선인들의 처절한 모습을 그려내고 있다. 이로써 국경 지방과 거기서 살아가는 사람들의 삶은 처음으로 우리 문학사에 그 모습을 드러내게 된다.

　이 낯설고 새로운 세계에 '북방정서'라는 이름이 붙게 된 것은, 그것이 한반도의 북쪽 변경의 자연적 조건과 지정학적 조건을 배경으로 한 것이라는 점에서 지극히 당연한 일이었다.

◀ 1925년 남원
광한루에서

◀ 1929년 2월 25일
조선일보사 주최
제1회 문인
좌담회(동소문
신흥사에서)

4. 서사적 충동과 서정적 충동의 갈등

김동환이 보여 준 북방은, 광활한 대륙과 곧바로 연결된 지역이고 일체의 감상이 끼어들 여지가 없는 엄혹한 자연환경과 긴장으로 가득 찬 사회·역사적 배경을 지닌 공간이었다. 그곳은 19세기 말 이래로 중국·일본·러시아의 세력이 직접적으로 마주치면서 복잡하고 긴장된 분위기를 빚어내고 있는 공간이었다. 이 긴장은 각 세력의 공백 지역에서 발호한 마적떼들로 인해서 더욱 복잡한 양상을 띠고 있었다. 하지만 이런 사실보다 더 중요한 것은, 북방이 대대로 그곳에서 살아온 사람들의 삶의 터전이자 식민지 조선의 사회경제적 모순에 의해서 희생된 농민들이 새로운 삶의 터전을 찾아 만주로 이주해 가는 통로였으며 동시에 우국지사들이 망명지를 찾아 떠나는 길목이기도 했다는 점이다.

김동환의 〈적성을 손가락질하며〉는 바로 이러한 북방의 모습을 처음으로 문단에 소개했고, 고려 시대의 윤관 이래 단지 변방으로만 인식되어 왔던 북방은 그를 통해서 우리 문학사 속에 편입될 수 있었다. 단지 관념 속에서만 존재했던, 그리고 미개와 야만의 땅으로만 인식되어 왔던 북쪽 국경지방은 이제 서울과 마찬가지로 사람들이 숨쉬고 있는, 더 정확하게 말하자면 복잡하고 긴장된 국제관계와 가혹한 자연환경 속에서 살아남기 위해 처절하게 몸부림치는 사람들, 혹은 날로 피폐해져 가는 식민지 조선을 탈출하여 만주로 이주해 가는 가난한 조선인들의 애환이 서린 땅으로 문학사에 그 모습을 나타낸 것이다.

따라서 그것은 단순한 소재의 특이함과 이국적 분위기로만 치부될 성질의 것은 아니었다. 〈적성을 손가락질하며〉에 그려진 가혹한 자연환경과 그 속에서 처절하게 살아가는 변경지역 사람들의 모습은 식민지 치하에서 고통 당하고 있는 민족의 보편적인 운명을 들여다볼 수 있는 렌즈의 구실을 한다고 할 수 있기 때문이다. 이 시에서 흰 눈에 뒤덮인 북조선의 모습이나 눈보라 속에서 모래바람을 맞으며 "추위에 얼어 떠는 백의인"은 말할 것도 없이 식민지 조선의 현실과 백성들의 보편적인 운명을 암시한다. 따라서 "서로 부둥켜안고 적성을 손가락질하며 빙원(氷原)벌에서 춤추"는 이들의 모습에서 생존을 위해 처절하게 몸부림치는 조선인들의 모습을 읽어내는 것은 자연스러운 일이다.

하지만 한 걸음 더 나아가면 우리는 이 춤이 "제비 가는 곳", 혹은 "남국"이라는 시어로 상징화된 유토피아적 공간에 대한 갈망을 표현하는 제의(祭儀)적인 성격을 지닌 것임을 어렵지 않게 읽어낼 수 있다. "적성"이란 바로 이 유토피아적 공간을 가리키는 별자리를 말하거니와, "적성을 손가락질하"는 행위는 바로 '남국—유토피아'에 대한 집단적 갈망 그 자체라고 할 수 있기 때문이다. 따라서 이 시는 가혹한 자연 환경과 사회·역사적 조건으로부터의 해방을 갈망하는 북방의 주민들, 그리고 더 나아가서는 식민 치하에서 고통당하는 조선인들의 간절한 염원을 표현한 것이라고 할 수 있다. 그리고 시인은 이런 집단적 염원을 표현하는 제의의 광경을 그려내는 보고자의 역할을 담당하고 있다.

이 점은 연마다 '——느니'가 반복됨으로써 형성되는 각운 효과에서도 확인된다. 다소 느긋하고 의고적(擬古的)인 느낌을 주는 '――느니'는 일단 작품 속에서 그려진 현실의 가혹함에 대해 시의 화자가 일정하게 거리를 유지하고 있음을 보여 주기 때문이다. 하지만 독자들이 작품 내의 현실에 관심을 갖게 되는 것은 역설적으로 이 어투가 주는 거리감 때문이라고 할 수 있다. 다시 말해서 독자들은 이 어투에 깃들인 느긋함에 반발하면서 작품이 그려내는 처절한 현실을 자신의 체험에 되비추어 보게 되고, 그로써 작품을 현실과의 관련 속에서 이해할 수 있게 되는 것이다. 그런 점에서 작품의 분위기에 잘 어울리지 않는 것처럼 보이는 '――느니'의 반복은, 작품 내적 현실과 외부 현실을 차단하면서 동시에 이어 주는 역할을 한다고 할 수 있다. 이런 점으로 미루어 보면, 이 시가 성공을 거둔 것은 결코 우연한 일이 아니었다고 할 수 있다.

어쨌든 김동환이 소개한 이 새로운 세계, 북방은 필연적으로 그 동안 문학적 관심권 밖에 존재하던 국경 지방의 삶에 대한 관심을 불러일으켰다. 이 시가 그려낸 북방의 이국적 분위기는 단순히 낯선 세계에 대한 막연한 동경을 자극하는 대신, 조선적인 것과 이국적인 것의 맞부딪침을 강제하는 국경 지방의 지리적·사회적·역사적 조건에 대한 관심을 불러일으키는 계기가 되었던 것이다. 김동환의 〈적성을 손가락질하며〉가 발표된 뒤 그에게 쏠렸던 문단의 관심은 바로 이런 이유 때문이었다고 할 수 있다. 하지만 〈적성을 손가락질하며〉는 그 자체로서 완결된 작품이라기보다 그 속에 내장된 풍부한 이야기들을 충실하게 그린 또 다른 작품을 예비하고 있는, 혹은 김동환에 의해서 새롭게 씌어질 또 다른 작품의 방향을 예시하고 있는 작품이라고 할 수 있다. 그만큼 〈적성을 손가락질하며〉에서 단편적으로 드러난 국경 지방과 거기 사는 사람들의 삶은 좀더 구체적으로 그려져야 할 문학사적 필연성을 지니고 있었던 것이다.

사실 일제 시대 북쪽의 국경 지방의 의미는, 단순히 중국·소련·조선을 지리적으로 구분하는 경계에 국한되지는 않는다. 그곳은, 이미 말한 바와 같이 식민지 조선의 사회·경제적 모순이 유이민의 형태로 배출되는 통로인 동시에 그 모순을 해결하려는 힘과 열정이 분출되는 공간이었다. 두만강 일대는 우리 민족해방운동사에서 중요한 의미를 지니는 북간도와 연해주(블라디보스토크)로 연결되는 길목이었던 것이다. 그런 점에서 김동환이 이 시에서 그린 북방은 우리 문학사에 결여되어 있거나 부족한 부분을 메워 줄 수 있는 의미있는 공간이었다고 할 수 있다. 이 점을 김동환 자신이 분명히 의식하고 있었는가는 분명치 않지만 김동환이 〈적성을 손가락질하며〉에 대한 문단의 평가에 크게 고무되었고, 이 때문에 국경지방 사람들의 삶을 본격적으로 그리려는 욕구를 가지게 되었던 것만은 분명한 일이었다. 『국경의 밤』을, 이 작품의 미진한 부분을 보완한 후편으로 이해할 수 있는 것은 이런 맥락에서이다.

김동환은 이 이후에도 북방정서를 토대로 한 일련의 작품들을 통해서 삼국시대 이래 항상 변방으로만 존재해 왔던 함경북도 경성을 우리 문학사의 중심부로 끌어들이는 데 성공했다. 김동환이 최초로 그 문학적 가능성을 보여 준 대륙적이고 남성적인 분위기와 이른바 '북방정서'의 시적 표현은 1930년대 후반에 동향의 후배 이용악이 등장함으로써 활짝 꽃피게 된다. 하지만 1930년대 후반에 오장환, 서정주 등과 함께 시단의 3대 천재로 평가받던 이용악도 사실상 김동환이라는 선배가 없었더라면 등장하지 못했을지 모른다. 이용악조차도 김동환이 소개한 '북방'을 통해서 비로소 자신의 고향에 대한 문학적 자의식을 갖게 되었기 때문이다. 그런 의미에서 김동환에게 우리 시사에서 '북방'을 개척한 선구자라는 영예가 주어지는 것은 지극히 당연한 일이라고 할 수 있다.

   2) 〈북청 물장수〉
  〈적성을 손가락질하며〉에 이어서 김동환이 발표한 작품은 〈북청 물장수〉였다. 〈적성을 손가락질하며〉에 의해서 제기된 문학사적 과제에 응답하기 위해서는 한동안 숨을 고를 필요가 있었거니와, 〈북청 물장수〉는 바로 그런 숨고르기 기간에 쓰어진 작품인 것이다. 따라서 이 작품에서는 〈적성을 손가락질하며〉에서 볼 수 있었던 것과 같은 야심적인 의도와 의욕을 찾기 어렵다. 오히려 이 작품은 서울에서 고달픈 유학생활을 해야 했던 김동환 자신의 자전적 체험을 바탕으로 북쪽 고향과 부모에 대한 간절한 그리움을 그리고 있을 뿐이다. 따라서 이 작품은, '북방정서'와 아주 무관한 것은 아니지만, 직접적으로 북방정서를 드러내는 대신 북쪽의 고향과 부모에 대한 간절한 그리움을 그린 소품이라고 하는 것이 마땅하다. 하지만 이 작품에 대한 문학사의 평가는 상당히 후한 편이다.

새벽마다 고요히 꿈길을 밟고 와서
머리맡에 찬물을 쏴— 퍼붓고는
그만 가슴을 디디면서 멀리 사라지는
북청 물장수

물에 젖은 꿈이
북청 물장수를 부르면
그는 삐걱삐걱 소리를 치며
온 자취도 없이 다시 사라져 버린다

날마다 아침마다 기다려지는
북청 물장수

— 〈북청 물장수〉 전문(《동아일보》, 1924. 10. 13) —

 이 작품은 얼핏보면 북청 물장수의 근면하고 부지런한 모습을 그린 것처럼 보인다. 하지만 이 작품의 제목이 주는 선입관을 배제하고 읽어 보면 이 작품이 그리고 있는 것은 북청 물장수가 아니라 북청 물장수를 매개로 해서 향수에 젖어들고 있는 시적 화자의 내면임을 금세 알 수 있다. 단지 소리를 통해서만 간접적으로 드러날 뿐인 북청 물장수는 화자를 잠에서 깨어나게 함으로써 자신의 처지와 두고 온 고향과 부모를 떠올리게 만드는 매개체에 지나지 않는 것이다. 이 점을 이해하기 위해서는 먼저 시인이 한없는 연민과 친밀감을 보이고 있는 북청 물장수가 시인과 특수한 관계를 맺고 있는 특정한 개인을 가리키는 것이 아니라 문자 그대로 함경북도 북청 출신의 물장수 일반을 가리키는 보통명사라는 점을 기억할 필요가 있다.

1920년대 무렵 서울로 이주해 온 북청 사람들 가운데는 생계와 자녀 교육을 위해서 새벽마다 물을 길어다 집집마다 배달하는 물장사 일을 하는 사람이 많았다. 이런 이유 때문에 북청 물장수란 바로 자식들의 교육을 위해서 기꺼이 자신을 희생하는, 부지런하고 교육열 높은 북청 사람들의 일반적인 성품과 기질을 대변하는 말로 사용되었다. 또 객지 생활을 하는 사람들의 일반적인 경향이기도 하지만 그들은 동향 사람들끼리 깊은 유대를 형성한 것으로도 유명했다. 따라서 불과 17세의 나이로 고향을 떠나 서울에 유학을 온 김동환이 새벽마다 자신이 하숙하고 있는 집에 물을 날라다 주는 북청 물장수를 통해서 북쪽의 고향과 부모를 떠올리는 것은 대단히 자연스러운 일이었다고 할 수 있다.
　이 시에서 북청 물장수의 모습은 한 번도 작품의 전면에 직접 나타나지는 않는다. 북청 물장수의 존재는 단지 물 항아리에 물 붓는 소리와 멀어지는 발소리, 그리고 삐걱대는 물지게 소리를 통해서만 간접적으로 환기되고 있을 뿐이다. 따라서 독자들은 이 시에서 북청 물장수의 직접적인 형상을 만나는 대신 시의 화자가 북청 물장수에게 느끼는 은밀한 연민과 친밀감, 그것도 일방적인 친밀감과 간절한 기다림을 확인할 수 있을 뿐이다. 그렇다면 이 시의 화자는 어째서 한 번도 본 적이 없는 북청 물장수에게서 그 같은 친밀감을 느끼고 새벽마다 간절히 그를 기다리고 있는가? 이 점을 이해하기 위해서는 먼저 이 시의 화자의 신원과 처지를 이해할 필요가 있다.
　먼저 생각해 볼 것은 이 시의 화자가 새벽마다 북청 물장수의 발소리와 물지게 소리, 그리고 부엌의 물 항아리에 물을 붓는 소리를 전부 들을 수 있는 장소에 있다는 점이다. 이런 장소는 아마도 전통 한옥의 문간방 정도일 텐데, 이런 방에서 자는 사람이라면 십중팔구 하숙생이나 자취생이기 십상이다. 거기다가 새벽마다 잠을 깨우는 불청객인 북청 물장수에게서 느끼는 호감과 친밀감으로 미루어 보면, 이 시의 화자가 북청이나 북청 가까운 지역 출신의 유학생이라는 추정이 가능하다. 이렇게 보면 이 시의 화자는 어린 나이에 고향을 떠나 서울에 유학을 했던 김동환의 분신이라는 사실이 명확해진다. 또 시의 화자가 한 번도 만나지 못한 북청 물장수에게 느끼는 호감과 친밀감이 결국 향수의 다른 표현이라는 점도 어렵지 않게 이해할 수 있다.

  이 시의 화자는 새벽마다 잠을 깨워놓는 북청 물장수의 발소리와 물지게 소리와 물 항아리에 물 붓는 소리를 통해서 두고 온 고향과 자식의 성공과 금의환향을 기다리면서 고생을 참고 견디는 부모를 떠올린다. 이 연속되는 소리들은 차례로 새벽잠에 취한 화자를 깨우고 그 자신의 처지를 일깨워 줄 뿐만 아니라 고향과 부모에 대한 아련한 그리움을 불러일으키는 것이다. "쏴아—"라는 청신한 의성어는 이 물소리가 화자로 하여금 좀더 잠자리에 머물고 싶은 나태에의 유혹을 떨쳐내도록 하는 역할을 하고 있음을 암시한다. 그리고 멀어져 가는 발소리와 삐걱거리는 물지게 소리는 화자로 하여금 북청 물장수처럼 자식들을 위해서라면 희생을 마다하지 않는 부모의 애정과 유학 와 있는 자신의 처지를 떠올리게 되고, 결국 고달픈 유학

4. 서사적 충동과 서정적 충동의 갈등

생활을 헤쳐나갈 수 있는 용기와 힘을 얻게 만든 것이다. '날마다 아침마다' 물장수가 기다려진다는 화자의 진술을 단순한 수사적 과장이라고 할 수 없는 것은 바로 이런 이유 때문이다.

　이와 같은 향수의 깊이를 제대로 이해하기 위해서는 김동환이 교통과 통신이 요즘처럼 충분히 발달하지 못했던 1920년대의 서울 유학생이었다는 점, 그리고 겨우 열 일곱의 나이에 고향과 부모 슬하를 떠나서 고학으로 학교를 다녀야 했다는 점을 고려하지 않으면 안 된다. 고향이 같다는 것 이외에는 자신과 아무 관련도 없고, 한 번도 마주친 적이 없을 뿐 아니라, 어떤 면에서는 새벽의 단잠을 방해하는 성가신 존재일 수도 있는 북청 물장수에게 그토록 강한 유대감과 친밀감을 느낄 수 있는 것은 그만큼 시의 화자가 외롭고 고단한 처지에 있기 때문인 것이다. 간단한 소품이지만 이 작품이 김동환의 대표작 중의 하나로 평가받는 것은, 군더더기 없는 깔끔한 구성과 절제된 언어, 그리고 무심코 지나칠 수도 있는 소리의 변주를 통해서 시적 화자의 내면을 효과적으로 표현하는 참신한 수법 때문이라고 할 수 있다(이런 수법은 『국경의 밤』 첫머리에서 좀더 극적으로 구사된다).


(2) 변혁에의 열정과 서사시

　김동환이 우리나라 최초의 근대적 장편 서사시인이라는 평가는 여전히 유효하다. 물론 『국경의 밤』의 장르적인 성격에 관한 논의도 적지 않게 이루어졌고 개중에는 이 시를 서사시로 규정한 기존의 평가에 의문을 제기한 연구자도 적지 않지만, 『국경의 밤』이나 『승천하는 청춘』이 서사시라는 것은 여전히 강력한 힘을 지닌 문학사 '상식'에 해당되기 때문이다. 또 김동환이 1920년대 말에 이르기까지 줄곧 서사적인 성격이 강한 시들을 발표했다는 점을 감안한다면, 김동환의 초기 시를 이끌어간 힘이 강렬한 서사적인 충동이었다는 사실을 부정할 수는 없다. 김동환을 서사시인으로 규정한 기존의 상식을 굳이 거부할 필요는 없다고 하는 것은 이 때문이다.

그렇다면 김동환을 사로잡은 서사적 충동의 본질은 무엇일까? 이를 한마디로 정의하기는 어렵지만, 일단 식민지 조선 사회를 개혁하려는 열망이 이 서사적 충동의 핵심이라고 할 수 있을 것이다. 주지하다시피 1920년대의 상황에서 조선 사회의 근대적 개혁은 시대적 과제였다. 하지만 일본의 식민통치 아래 있는 조선 사회의 완고함과 낙후성, 그리고 개혁을 위한 주체 세력의 부재는 개혁에 대한 열망을 끊임없이 좌절시켰다. 이 좌절에 머무는 한 서사는 불가능해진다. 거기서 발생하는 것은 1920년대 초의 시에서 볼 수 있는 것과 같은 감상적·퇴폐적 낭만주의에 지나지 않기 때문이다. 이상이 서식할 수 있는 현실 공간을 찾지 못했을 때 젊은 지식인들은 손쉽게 '침실', '흑방', '병실' 같은 자폐적인 공간으로의 내적 망명에 대한 열망에 빠져들지 않을 수 없었던 것이다. 반대로 거듭되는 좌절에도 불구하고 변혁에의 열망을 포기하지 않을 경우, 이상의 실현을 가로막는 현실 자체 구조와 작동 원리, 그리고 그 속에서 살아

4. 서사적 충동과 서정적 충동의 갈등

가는 사람들의 운명에 대한 성찰은 필연적인 것이 된다. 따라서 초기의 김동환을 사로잡았던 서사의 충동은, 이처럼 끊임없이 이상의 실현을 가로막는 현실의 벽을 뛰어넘어 조선 사회를 개혁하려는 열망 속에서 발생한 것이었다고 할 수 있다.

그의 데뷔작인 〈적성을 손가락질하며〉가 보여 준 '유토피아'에 대한 갈망은 이 점에서 다시 한번 주목할 필요가 있다. 이 시에서 유토피아에 대한 갈망은 결코 충족되지 않는다. 하지만 그럼에도 불구하고 "적성을 손가락질하며 빙원벌에서 춤추는" 사람들의 모습이 암시하는 것처럼 이 갈망은 여전히 포기되지 않는다. 따라서 이 갈망을 좌절시키는 현실의 구조와 작동 원리, 그리고 그 속에서 살아가는 사람들의 운명에 대한 탐색은 필연적이었다. 따라서 〈적성을 손가락질하며〉의 예기치 않은 성공에 고무된 김동환이 써야 할 후속 작품은 바로 북방민들의 구체적인 생활세계를 그린 것이 될 수밖에 없었다. 결국 김동환이 그려야 할 것은 이 지역의 가혹한 자연환경과 중국·아라사·일본(조선)의 세 나라가 국경을 마주대고 있는 긴장으로 가득 찬 사회 역사적 조건들 속에서 살아가는 인간들의 운명이었던 것이다.

여기서 한 가지 짚고 넘어가야 할 점은, 북방민들의 생활 세계를 그려내려는 서사적 충동이 대표적인 서사 장르인 소설 양식을 통해 표출되는 대신 서사시로 표출되었다는 점이다. 따라서 이 부분, 즉 김동환이 왜 자신을 사로잡은 서사적 충동을 서사시의 형식을 빌어 표현했는가 하는 문제에 대해서는 또 다른 설명이 필요하다. 다시 말해서 김동환이 자신의 서사적 충동을, 이미 하나의 문학 장르로 확고하게 자리를 굳혀 가고 있던 소설 양식이 아니라 서사시라는 낯선 양식 —— 설사 본격적인 서사시의 수준에는 미치지 못한 것이라고 할지라도 —— 을 빌어서 표출하려 했는가 하는 점을 설명할 필요가 있다는 것이다.

이 문제를 설명하는 일은 쉬운 일이 아니다. 하지만 일단 김동환을 사로잡은 서사적 충동이 소설로 나아가지 않고 시로 표출된 것은, 그의 문학적 출발점이 시였다는 점과 아직 김동환의 세계 인식이 소설적 구체성을 확보할 수 있을 만큼 구체화되지 못했다는 점에서 그 이유를 찾아야 할 것이다. 물론 좀 더 근본적인 이유는 후자였다고 할 수 있다. 온전한 소설적 구체성을 확보하기 위해서는 무엇보다 현실의 총체성 —— 자연환경 및 사회·역사적 조건들과 인간들이 맺는 복잡하고 역동적인 상호작용에 대한 풍부한 인식이 전제되어야 했던 것이다. 그리고 국경지방의 가혹한 자연환경, 복잡한 지정학적인 조건, 그리고 그 속에서 살아가는 사람들과 끊임없이 밀려드는 유이민이나 독립지사들 사이의 내적 연관성을 소설로 그려내기 위해서는 단편이 아니라 장편소설을 써야 했다.

그러나 김동환으로서는 아직 현실의 총체성을 인식할 만한 충분한 지적 역량을 갖추고 있지 못했고, 그를 사로잡은 서사적 충동을 제대로 소화할 만한 장편소설은 1920년대 초까지만 해도 아직 낯선 양식이었다. 이처럼 참조할 만한 문학적 전통이 희박한 데다가 충분한 습작의 경험조차 없는 상태에서 소설적 구체성을 확보하는 데 필요한 치밀한 묘사와 서술의 유기적 조화를 기대하기는 어려웠다. 치밀한 묘사는 사물과 현상에 대한 세심한 관찰과 이를 객관화할 수 있는 정확한 언어 구사력의 뒷받침을 받아야 했고, 풍부한 서술은 여러 가지 사물과 현상들 사이의 인과적 관련성에 대한 통찰의 뒷받침을 받아야 했다. 하지만 이제 막 약관의 나이를 지났을 뿐인 데다가 충분한 습작의 경험도 없는 김동환이 이런 조건들을 충분히 갖추고 있었다고 보기는 어렵다. 그것은 어떤 면에서는 김동환 개인의 한계일 뿐만 아니라 당시 한국 문단 전체의 한계였는지도 모른다. 김동환 개인만이 아니라 한국 문단 전체로도 아직은 장편소설의 형식으로 현실의 총체성을 그려낼 만한 문학적 역량을 갖추고 있지 못했던 것이다.

그런 점에서 김동환이 소설이 아니라 오늘날까지 장르 규정과 관련해서 수다한 혼선을 빚고 있는 '서사시' 양식을 택한 것은 그 자신의 한계와 당시 한국 문단의 한계에서 기인하는 어쩔 수 없는 선택이었다고 할 수 있다. 그에게 있어서 서사시는 소설이 아니기 때문에 굳이 소설적 구체성의 확보를 위해 풍부한 묘사와 치밀한 서사, 그리고 양자의 유기적 조화를 추구할 필요가 없었고, 서정시가 아니기 때문에 단순한 애상적 정조와 분위기 이상의 것을 말할 수 있는 '편리한' 양식이었기 때문이다. 그의 『국경의 밤』이나 『승천하는 청춘』이 갖고 있는 장점과 본질적인 약점들 ── 뒤에서 다시 자세히 거론하겠지만, 이 약점들의 대부분은 서사구조의 취약성과 관련된 것이다. 그리고 이 약점들은 뛰어난 서정성에 의해서 부분적으로 보완되기도 한다 ── 은 대부분 그의 서사시가 지닌 이런 절충적인 성격에서 기인한다고 할 수 있다.

또 이러한 절충적인 성격은 그가 갖고 있던 변혁에의 열망이 불철저했던 점과도 적지 않은 관계가 있다고 해야 할 것이다. 변혁에의 의지가 불철저했기에 현실의 구조와 작동 원리에 대한 지속적이고 철저한 탐구 역시 불가능했고 그 결과 서사시의 절충적 성격을 극복할 만한 길을 모색할 수 없었던 것이다. 김동환이 『승천하는 청춘』이후 서사시 창작을 아예 포기할 뿐만 아니라 급기야는 서사시의 문학적 가치를 부정하고 포기하게 되는 것 —— 김동환은 1927년 무렵 자신의 서사시를 '불살라 버리고' 싶다는 심경을 피력했다('문사방문기: 김동환씨」, 『조선문단』, 1927. 3) —— 도 자신의 서사시가 지닌 이러한 절충적인 성격과 그 한계를 자각했기 때문이라고 할 수 있다.

하지만 서사적인 경향은 그의 민요조 서정시에서도 완전하게 소멸되지는 않고 일정 부분 유지된다. 물론 이때의 서사적 요소들은, 본격적인 의미에서의 서사라기보다는 대부분 현실에 대한 폭넓고 깊은 통찰을 필요로 하지 않는 가볍고 단편적인, 문자 그대로의 이야기 —— 주로 남녀간의 가벼운 연정과 관련된 —— 에 지나지 않는다. 따라서 여기서는 주인공이 자신의 삶 전체를 기울여 추구하는 가치란 애초에 존재하지 않으며 단순히 풍속적인 차원의 사소한 갈등들이 그려질 뿐이다. 그것은 김동환이 본격적인 서사의 추구를 포기하는 대신 단편적인 이야기와 민요의 율조를 결합시킴으로써 음악성이 풍부한 시를 쓰는 데 주력했기 때문이다. 따라서 숱하게 가곡으로 작곡될 정도로 풍부한 음악적 율조를 지닌 그의 민요조 서정시는 현실에 대한 관심을 포기한 대가로 얻어진 것이었다고 할 수 있다.

### 1) 『국경의 밤』
　　── 청춘의 열정과 제도의 갈등

　『국경의 밤』은 모두 3부로 된 장편 서사시다. 이런 단정적인 진술은 자칫하면 수다한 반론을 불러올 수도 있다. 이 시가 과연 서사시인가 하는 문제에 대해서는 그 동안 학자들 사이에서 적지 않은 논란이 있어 왔기 때문이다. 하지만, 서사시의 장르적인 성격에 비추어 이 시가 서사시인가를 따지는 원론적인 논의도 중요하지만, 이 시가 우리나라 최초의 근대적 장편서사시로 널리 알려져 있는 현실 또한 무시하기는 어렵다. 따라서 앞으로 이 작품에 관한 논의는 이 시가 서사시라는 전제 아래서 이루어질 것이다. 이 같은 전제는 물론 이 작품의 장르적 성격을 따지는 원론적인 논의가 무의미하다는 것을 뜻하는 것은 아니다. 원론적인 논의도 물론 중요한 것이지만, 그것은 이 글의 목표에 부합하지도 않고, 자칫하면 소모적인 논쟁에 휘말림으로써 작품에 대한 이해 자체를 그르칠 수도 있기 때문이다.

　김동환에게 국경지방의 삶은 그 자신의 원체험과 관련될 뿐만 아니라 그에게 예상치 않은 문학적 명성을 가져다 준 귀중한 자산이기도 했다. 따라서 그가 다른 시인들과는 달리 도회적 정서에 연연하지 않고 국경 지방과 거기서 사는 사람들의 삶을 그리려고 했고 급기야 우리 문단 초유의 장편 서사시『국경의 밤』을 써낸 것은 지극히 자연스러운 일일 수 있었다. 하지만 결론부터 미리 이야기하자면, 이 작품은 시인 자신의 야심과 의욕에도 불구하고 그리 성공적인 작품이라고 하기는 어렵다. 왜냐하면 이 작품에서 국경 지방은 단순한 배경으로 전락해 버렸고 따라서 그 속에서 살아가는 사람들의 구체적인 생활 세계 대신 인습과 제도 때문에 고통 당하는 청춘 남녀의 사랑 이야기가 그려지는 데 그쳤기 때문이다.

물론 이 이루지 못한 사랑 이야기가 전혀 의미 없는 것이라고 할 수만은 없다. 자신의 사랑을 성취하고자 하는 청년의 열정과 그것을 억압하는 전통 및 관습의 갈등은 이상화의 〈나의 침실로〉(1923)에서 볼 수 있듯이 당시로서는 결코 무시할 수 없는 주제일 수 있었기 때문이다. 하지만 일단 서사시로 쓰어진 이상 '언문 아는 선비'와 '순이'의 사랑 이야기는, 〈나의 침실로〉의 절규보다는 진전된 모습을 보여 주어야 했다. 또 이 시가 〈적성을 손가락질하며〉에 대한 평가를 의식하고 쓰어진 것이라면, 단순히 '북방'의 편린을 보여 주는 데 그친 〈적성을 손가락질하며〉의 성취에서 한 걸음 더 나아가야 했다. 하지만 유감스럽게도 『국경의 밤』에서 그려진 '언문 아는 선비'와 '순이'의 사랑 이야기는 〈나의 침실로〉가 보여 준 절규의 수준에 미치지 못했고, 국경 지방의 모습도 〈적성을 손가락질하며〉의 성취를 크게 넘어서지는 못했다.

물론 그렇다고 해서 이 시가 가진 문학사적 의미를 전적으로 부정할 수는 없다. 이 시는 〈적성을 손가락질하며〉와 마찬가지로 문학사에서 소외되었던 북방을 문학사에 끌어들임으로써 문학사의 외연적 경계를 확장했기 때문이다. 특히 이 시가 그려낸 가혹한 자연 환경과 긴장된 국경지방(식민지 조선의 사회·경제적 모순이 배출되는 통로인 동시에 그 모순을 극복하려는 열정이 분출되는 통로가 되기도 했던)의 모습은 우리 문학사에서 유례를 찾기 어려운 것이었다. 또 강렬한 남성적 목소리와 대륙적 분위기 또한 그러했다. 하지만 이 모든 것이, 각각이 지닌 문학사적 의의와 중요성에도 불구하고, 작품 속에서 유기적으로 통일되지 못한 채 겉돌고 있는 것, 그것이 이 작품의 결정적인 한계라고 할 수 있다.

자주 인용되는『국경의 밤』의 첫머리는 대단히 인상적이다. 밤낮없이 눈이 내리고 매서운 추위가 몰아치는 가혹하고 이국적인 분위기와 그 속에서 살아가는 사람들의 처절한 삶——국경 수비대의 삼엄한 경계와 간단없이 출몰하는 마적떼, 그럼에도 불구하고 먹고살기 위해서 얼어붙은 두만강을 건너 소금밀수출 마차를 띄우지 않으면 안 되는 사람들의 처절한 삶이 압축적으로 제시되고 있기 때문이다. 그것은 물론〈적성을 손가락질하며〉에서 어렴풋하게 암시되었던 단편적인 삶의 모습들이 좀더 증폭되고 구체화된 것이라고 할 수 있다. 이 국경지방의 분위기는 소금 밀수출 마차를 띄우기 위해 나간 남편을 걱정하는 젊은 아내의 불안한 심리에 되비추어지면서 강력한 긴박감을 느끼게 한다. 널리 알려진『국경의 밤』첫머리는 다음과 같이 시작된다.

1

"아하, 무사히 건넜을까,
이 한밤에 남편은
두만강을 탈없이 건넜을까?

저리 국경 강안을 경비하는
외투 쓴 검은 순사가
왔다 갔다
오르명 내리명 분주히 하는데
발각도 안 되고 남편은 무사히 건넜을까?"

소금실이 밀수출 마차를 띄워놓고
밤새가며 속 태우는 젊은 아낙네
물레 젓던 손도 맥이 풀려져
파! 하고 붙는 어유 등잔만 바라본다.
북국의 겨울밤은 차차 깊어 가는데

2

어디서 불시에 땅밑으로 울려 나오는 듯
'어 — 이'하는 날카로운 소리 들린다.
저 서쪽으로 무엇이 오는 군호라도
촌민들이 넋을 잃고 우두두 떨 적에
처녀만은 잽히우는 남편의 소리라고
가슴을 뜯으며 긴 한숨을 쉰다 —
눈보라에 늦게 내리는
영림창 산촌실이 화부떼 소리언만

『국경의 밤』첫머리는 이렇게 불안과 긴장이 교차하는 인상적인 공간을 창출하고 있다. 여기서 묘사되는 것은 물론 1920년대 초의 퇴폐적 감상주의 시에 익숙한 사람들에게는 낯설고 신기하게 보일 수밖에 없는 국경수비대, 영림창 산촌실이 화부떼, 고기잡이의 얼음장 깨는 소리, 옥수숫대를 태우며 술을 마시고 노래 부르는 순사들의 모습 ─ 우리 시사에서 처음으로 등장하는 소재 ─ 들이다. 하지만 이 점만을 강조하는 것은 옳지 않다. 이 소재의 새로움이란, 그것이 북쪽 국경 지방에서 흔하게 볼 수 있는 일상적인 사물들이자 풍경이라는 사실을 확인하는 순간 의미를 상실할 수밖에 없는 것이기 때문이다. 따라서 『국경의 밤』첫 부분의 의미는 소재의 새로움이 아니라, 그것이 다루어지는 방법과 독특한 시적 효과에서 찾아야 한다.

『국경의 밤』첫머리가 대단히 인상적이고 거듭 인용되어도 그 의미가 손상되지 않는 결정적인 이유는, 거기서 그려진 모든 것이 소금실이 밀수출 마차를 끌고 나간 남편의 안위를 걱정하는 젊은 아낙네의 불안한 내면에 비추어짐으로써 다가올 불길한 사건을 암시하는 극적 효과를 자아내고 있기 때문이다. 국경 지방에서 흔하게 볼 수 있는 일상적이고 평범한 사물과 풍경들이 주인공의 내면에 되비추어짐으로써 긴장과 불안으로 가득 찬 역동적인 공간을 창출해내고 있는 것이다. 이처럼 외부 세계에 대한 묘사를 통해 인물의 내면 공간을 비추어내는 형상화 수법의 새로움은 분명히 우리 시사에서 볼 수 없었던 새로운 모습이라고 하지 않을 수 없다.

『국경의 밤』가운데서도 이 부분이 특히 자주 인용되는 것은, 바로 이 부분이 갖고 있는 역동적인 힘과 문학사적 의미 때문이라고 할 수 있다. 더욱이 이 장면은 다음에 볼 수 있는 것처럼 일제의 가혹한 식민지 수탈을 견디지 못하고 만주로 이주해 가는 사람들의 모습을 그린 부분과 결합되면서 앞으로 전개될 시의 방향에 대해 일정한 기대와 예감을 갖게 한다. 젊은 아낙네의 불안이, 그녀 혼자만의 것이 아니라 식민지 치하에서 목숨을 걸고 살아가야 할 우리 민족의 불안한 처지를 암시하는 것으로 읽힐 수 있는 가능성을 열어두고 있는 것이다.

    전선이 운다 잉―잉―하고
    국교(國交)하러 가는 전신줄이 몹시도 운다.
    집도 백양도 산곡(山谷)도 오양간 당나귀도 따라서 운다.
    이렇게 춥길래
    오늘따라 간도 이사꾼도 별로 없지
    얼음장 깔린 강바닥을
    바가지 달아매고 건너는
    밤마다 밤마다 외로이 건너는
    함경도 이사꾼도 별로 안 보이지,
    회령서는 벌써 마지막 차고동이 텄는데.

이로써 북방의 국경이 지닌 사회·역사적 의미는 좀더 분명해진다. 국경 지방은, 일차적으로 사람들의 생존을 위협하는 가혹한 자연 환경에 에워싸인 공간이며 국가와 국가의 무력이 직접적으로 대면하고 있을 뿐만 아니라 힘의 공백 지역에서 불법적인 무력집단이 발호하기도 하는 긴장된 공간이다. 동시에 이곳은 식민지 조선의 사회경제적 모순이 유이민의 형태로 배출되고 있는 통로이자 그 모순을 해결하려는 힘이 분출되는 통로이기도 하다. 이 시는 이처럼 처음부터 국경 지방이 가혹한 자연 환경에 둘러싸여 있을 뿐 아니라 이처럼 살벌하고 긴장된 사회·역사적 환경이 교차되는 지점임을 분명히 하고 있다.

 이 긴박하고 불안하고 초조한 분위기는 주인공──마을 사람들로부터 "두려운 과거"를 지닌 것으로 오해받는 낯선 청년이 등장하기까지 점점 고조되어 간다. 시인은 국경 지방의 긴박한 분위기를 여러 가지 방식으로 조명한 뒤에 "두려운 과거"를 지닌 젊은이가 등장하도록 함으로써 작품의 분위기를 일촉즉발의 긴장 상태로 몰아가고 있는 것이다. 따라서 독자들이 이 국경지대의 낯설고 긴장된 분위기와 "두려운 과거"를 지닌 젊은이의 등장을 통해서 이 지역에 사는 사람들의 삶을 규정하고 있는 여러 힘들의 갈등과 충돌을 예상하게 되는 것은 자연스러운 일이라고 할 수 있다.

 그러나 1부의 말미에 이르러 이 청년의 '두려운 과거'가 실체 없는 것임이 밝혀지면서 작품을 지탱해 오던 긴장은 한꺼번에 풀리고 만다. 청년은 한때 '순이'와 사랑하는 사이였던 '언문 아는 선비'에 지나지 않으며, 그가 마을 주민들에게 "두려운 과거"를 지닌 것으로 오해받는 것은 단지 영락한 모습으로 이 지역을 떠돌아다니기 때문임이 밝혀지는 것이다. 이와 함께 그의 방황이 단순히 옛사랑 '순이'를 만나기 위해서라는 것이 밝혀지면서 작품의 첫머리가 제시했던 강렬한 긴장은 돌연 이완되고 만다. 이로써 작품은, 국경지방이라는 배경이 함축하고 있던 사회·역사적 긴장 상태에서 벗어나 단순히 청년과 순이의 개인사와 애정의 갈등을 비추는 쪽으로 선회하게 되기 때문이다.

2부는 청년과 순이의 과거를 회상하는 부분이다. 이 회상을 통해서 순이가 귀화한 여진족의 후손인 '재가승(在家僧)의 딸'임이 밝혀진다. 그녀는 자신의 혈통에 어울리는 순박하면서도 야성적인 아름다움을 갖고 있는 여인이다. 그녀의 "멀구알 같이 까만 눈과 노루 눈썹 같은 빛나는 눈초리"는 "함경도에 윤관이 들어오기 전,/북국의 육진벌을 유목(遊牧)하고 다니던 일족(一族)"으로 "갑옷입고 풀 투구 쓰고 돌로 깎은 도끼를 메고./해 잘 드는 양지 볕을 따라 노루와 사슴잡이 하면서/동으로 서에 푸른 하늘 아래를/수초를 따라 아무 데나 다"니던 여진족의 혈통에서 비롯된 것이다(이 구절은 같은 지방 출신의 후배 이용악이 1930년대 후반에 발표하여 절창으로 주목을 받았던 〈오랑캐꽃〉을 연상케 한다. 하지만 이용악이 고려에 정복당한 여진족의 운명을 빌어 식민지 치하 조선인들의 운명을 노래한 데 비해 김동환의 이 구절은 단순히 문명에 의해 훼손되지 않은 여진족의 원시적 생명력을 강조하기 위한 것이라는 점에서 근본적인 차이가 있다).

이처럼 자유롭고 분방한 여진족의 기질은, 그러나 유교적 윤리로 엄중하게 무장한 조선사회에 편입되면서 어느덧 부자유스러운 것으로 변질된다. 그들은 어느새 조선 사회의 유교적 윤리와 관습의 족쇄, 그리고 여진족 고유의 혈통을 유지하고자 하는 재가승 집단의 폐쇄적인 율법에 얽매이게 된 것이다. 순이와 청년의 사랑을 가로막은 것은 다름 아닌 이 이중의 족쇄이거니와, 그 가운데서도 서술자가 좀더 강조하는 것은 재가승 집단의 율법이다. "쌓기는 왕자, 왕녀의 사랑 같은 사랑의 성을 / 두 소년이 쌓았건만, / 헐기는 재가승의 정칙(定則)이 헐기 시작하였다. / … / 전통은, 사회제도는 / 인간 불평등의 한 따님이라고, / 재가승의 자녀는 재가승 집으로 / 그래서 같은 씨를 십대, 백대, 천대를 / 순이도 재가승의 씨를 받아 전하는 기계로 가게 되었다"는 것이다.

결국 순이와 청년의 불행은, 조선 사회에 편입되기는 했으나 조선 사회의 타자(他者)로 존재할 수밖에 없었던, 그래서 주류 사회에 대한 반감과 선망이라는 모순된 감정 속에서 고유의 혈통과 관습을 유지하기 위해 애쓰는 재가승 집단의 비타협적이고 야만적인 율법에서 비롯된 것으로 그려지는 것이다. 그러나 윤리와 관습의 억압이 순이에게만 가해진다고 보는 것은 어딘지 부자연스럽다. 청년 또한 그가 속한 재지 향반 사회의 윤리와 관습의 억압을 피할 수 없었을 것이기 때문이다. 그리고 어쩌면 이 두 사람의 결합을 막은 좀더 결정적인 요인은, 재가승 집단의 율법이라기보다는 차라리 청년을 둘러싼 재지 향반 사회의 윤리와 관습이라고 보는 것이 타당할 것이다. 하지만 이 부분은 작품 안에서 전혀 언급되지 않고, 단지 조선 사회의 타자인 재가승 집단의 배타적인 율법이 두 사람의 사랑을 가로막은 결정적인 요인인 것으로 그려진다.

그래서 청년은 "자유인에 탈이 없는 것이다, / 가헌(家憲)이라거나, 율법(律法)이라거나, / 모두 짓밟아라 / 뜯어 고쳐라 추장이란 녀석이 제 맘대로 꾸며놓은 타성의 도덕률을 / 집중(在家僧—

인용자)을 사람을 만들자. / 순이는 아버지의 따님을 만들자, / 초인아, 절대한 힘을 빌려라. / 이것을 그치게, 아름답게 만들게 / 불쌍한 눈물을 흘리지 말게"라고 부르짖으면서 고향을 떠난다. 결국 순이로 하여금 사람답게 살지 못하게 하는 것은, "추장이란 녀석이 제 맘대로 꾸며놓은 타성의 도덕률" 때문이라는 것이다. 이 부분은 결국 제도의 개혁과 인습의 타파가 필요하다는 점을 강조하기 위한 것으로 이해된다. 하지만 조선 사회의 제도와 인습이 아니라 하필이면 조선 사회에서 소외된 타자로 존재하고 있는 재가승 집단의 제도와 인습에 초점을 맞춘 것은 적절치 않다고 보인다. 무력에 의해 조선 사회에 편입돼 조선 사회의 타자로 존재해 온 여진족들의 고통은 전혀 문제되지 않고 단지 그들의 지닌 '비인간적이고 야만적인' 율법만이 문제시되기 때문이다. 재가승 집단은, 스스로 인간답게 살 수 있는 기회를 거부하고 폐쇄적인 삶을 이어가는 어쩔 수 없는 야만인이라는 시각이 그것이다.

3부는 청년과 순이의 대화를 통해 기존의 윤리와 관습을 깨뜨리고 다시 사랑을 이어갈 것을 요구하는 청년과 윤리와 현실감각을 앞세워 이를 거부하는 순이의 갈등을 극적으로 그리고 있다. 청년은, 자신이 오랜 방황 끝에 자신들을 옭아맨 윤리와 관습의 정체를 자각하게 되었으며 개인의 자유를 억압하는 사회와 제도의 불합리성에 대해 강한 반감을 품게 되었음을 토로한다. 그는 서울에 가서 학교를 다니면서 "굴뚝이 노동자의 육반(肉盤) 위에 서고 / 호사가 잉여가치의 종노릇하는 / 모든 혼정(魂精)이 전통과 인습에 눌리어 / 모든 질곡밖에 살집이 없는" 도회적 삶의 모순과 질곡을 겪었을 뿐만 아니라 "페스탈로치와 루소와 노자와 장자와／모든 것을 알고" 세상에 반감을 품게 되었음을 토로하는 것이다. 청년이 토로한 이 지적 편력과 방황의 과정은 그대로 김동환 자신의 그것이라고 보아도 무방하거니와, 여기서 드러나는 것은 현실의 모순에 대한 체계적인 천착이 아니라 혈기와 울분에 이끌린 문자 그대로의 지적 방황의 흔적이다.

현실에 대한 청년의 반감이 변혁에의 의지와 열정, 그리고 실천적 행동이 아니라 오히려 퇴폐와 방탕으로 표출된 것은 말할 것도 없이 이런 방황의 당연한 결과이다. 개인의 힘으로는 도저히 변화시킬 수 없는 현실에 대한 절망이 그를 퇴폐와 방탕이라는 왜곡된 반항으로 몰아갔던 것이다. 그래서 그는 스스로를 "도회의 매연에서 사형을 받은 자"이자 "문명에서 환락에서 추방"당한 자로 규정한다. 그는 "쇠마치, 기계, 착가(捉枷), 기아, 동사,／인혈(人血)을, 인육을 마시는 곳에서 폐병균이 유리하는 공기 속에서／겨우 도망하여 온 자"인 것이다. 이런 진술을 통해서 청년이 순이를 찾아온 것은, 순이를 통해서 병든 자신이 재생할 수 있으리라는 '이기적인' 믿음 때문임이 밝혀진다. 청년은 순이와의 결합이 인간의 자유를 억압하는 윤리와 관습의 억압에 저항하는 행위이며, 도회의 퇴폐와 타락에 물든 자신의 육체와 정신을 정화하고 구원할 수 있는 계기라고 믿고 있는 것이다.

이런 청년의 진술들은 이 시가 1920년대 젊은 지식인들 사이에서 한때 유행했던 막연하고 관념적인 반문명주의를 또 다른 기반으로 삼고 있음을 말해 준다. 이런 반문명주의적 태도는, 가령 조명희의 『봄 잔디밭 우에서』(1924) 같은 시집을 포함해서 당시 시인들에게서 어렵지 않게 찾아볼 수 있는 것이었다. 이 반문명주의는 물론 자본주의 문명의 폭력성에 대한 인식을 밑바탕에 깔고 있는 것이어서 자본주의의 필연적인 붕괴와 새로운 사회의 건설을 예언한 마르크스주의와 쉽게 연결되기도 하지만, 흔히 지식인들의 퇴폐와 허무를 정당화하는 도구로 이용되기도 했다. 청년의 진술도 비슷한 맥락에서 이해할 수 있다. 청년은 천박하고 난삽한 교양 체험을 근거로 막연한 반문명주의에 빠져들었고, 그 결과 퇴폐와 허무에 찌든 방탕하고 타락한 생활을 해 온 것이다. 따라서 현실을 구속하는 제도와 관습에 대한 청년의 반감은 구체적인 변혁의 전망과 결합된 것이 아니라 막연한 반문명주의적 감상, 그리고 자신의 방탕한 삶을 정당화하기 위한 것에 지나지 않는다고 할 수 있다.

어쨌든 김동환의 주인공이 '순이'에게서 기대하는 것은, 병든 문명의 상처를 치유할 수 있는 건강하고 원초적인 생명력이다. 그는 '순이'가 아직도 완전히 훼손되지 않은 원시적 생명력을 지닌 존재라고 여기고 있는 것이다. 앞에서 그녀가 지닌 순결한 아름다움을 강조한 것이나 고려에 복속되기 전에 여진족들이 누리던 원시적이고 건강한 삶을 강조한 것은 그런 이유 때문이었다고 할 수 있다. 그러나 청년의 기대와 구애는 쉽게 충족되지 않는다. 그는 '순이'에게 애절하게 구애를 하면서 윤리와 관습의 장벽을 뛰어넘어 자유롭고 인간다운 삶을 선택할 것을 요구하지만, 여전히 재가승의 율법과 정녀불경이부(貞女不

更二夫)의 유교적 도덕적 관념에 얽매어 있는 그녀는 선뜻 이를 수락하지 않는 것이다. 그녀는 이미 현실의 질서에 익숙해져 있을 뿐만 아니라 세상살이의 냉혹함과 결혼이라는 제도의 뒷받침을 받지 못하는 남녀 관계의 덧없음을 읽어낼 수 있는 성숙한 여인이기 때문이다.

따라서 그녀는 거듭된 청년의 구애와 약속에도 불구하고 이를 거절한다. 그녀는 자신이 청년을 구원할 수 있는 존재가 아니며 도회적 삶에 익숙한 청년이 언젠가는 다시 자신을 떠나게 되리란 것을 읽어내고 있는 것이다. 결국 '순이'의 거부로 인해 갈등이 점점 고조되는 가운데 순이의 남편 '병남(丙南)'이 총에 맞아 죽은 시체로 돌아오면서 작품은 급속도로 종막을 향해 치달아간다. 남편의 시신을 맞이한 '순이'의 울부짖음으로 청년과 순이 사이의 대화는 단절되고 이내 "그래두 조선 땅에 묻긴다"는 서당 훈장의 푸념 섞인 넋두리와 함께 '병남'의 장례식을 거행하는 음울한 장면으로 전환되면서 작품은 급작스럽게 마무리되는 것이다.

이와 같은 작품의 마무리는 작품 서두가 빚어내고 있는 첨예한 긴장이나 청년의 비현실적이고 다분히 몽환적인 열정과 '순이'의 현실 감각이 빚어낸 긴장에 비하면 싱겁기 짝이 없다. 남편의 죽음으로 인해 청년의 구애가 실현될 수 있는 현실적 가능성이 한층 높아졌음에도 불구하고 청년과 순이 사이의 문제는 더 이상 언급되지 않은 채 병남이의 장례식 장면으로 전환되면서 곧장 마감되는 것이다. 순이를 향한 청년의 열정이 더 이상 발전되지 못한 채 장례식의 무거운 분위기 뒤로 사라져 버리는 이런 어색한 마무리는, 김동환이 작품이 요구하는 서사적 긴장을 감당할 만한 충분한 역량을 갖추지 못했기 때문이라고 할 수 있다. 청년의 과격하고 급진적인 반문명적 열정이 구원에 이르도록 이끌기 위해서는 무엇보다 원래의 혈통 그대로 순결한 아름다움과 원시적인 생명력을 지닌 순이의 존재가 필요했지만 이미 기성의 제도와 관습에 적응되어 있는 순이를 통해서 청년이 구원에 이르도록 서사를 이끌어가기는 어려웠기에 서사의 파탄을 무릅쓰고 작품을 마무리짓지 않을 수 없었던 것이다.

이상의 줄거리로 미루어 볼 때 이 작품의 주제는, 일종의 반문명주의적 열정이고 그 구체적인 내용은 순수한 청춘의 열정을 억압하고 좌절시키는 전통과 인습에 대한 반감이라고 할 수 있다. 이런 주제의식은 1920년대의 젊은 지식인들 사이에서는 대단히 절박한 것이었다. 특히 본인의 의사와는 무관하게 부모의 뜻에 따라 배우자가 결정되는 조혼제도로 인한 고통은 일찌감치 동경유학을 통해 새로운 세계를 경험했고 자유연애와 결혼의 달콤한 환상에 젖었던 대다수의 젊은 지식인들이 공유한 것이었다. 따라서 그들이 이 불합리한 결혼 제도와 관습에 반감을 가졌던 것은 자연스러운 일일 수 있었다. 국가나 민중은 아직까지 추상적인 관념에 지나지 않는 것이었고 그보다 더 긴급하고 중요한 것은 그들이 매일 매일의 삶에서 부닥치는 제도와 관습의 불합리함이었기 때문이다.

그런 점에서 김동환이 자신의 서사시에서 이런 주제를 다룬 것은 자연스러운 일이었다고 할 수 있다. 새로운 세계를 경험한 젊은 지식인들에게 있어서 나날의 삶을 지배하고 있는 낡은 관습과 제도에 대한 반감은 피할 수 없는 것이었고, 그 가운데서도 청춘의 열정을 억압하는 결혼 제도에 대한 반감은 가장 강렬한 것이었기 때문이다. 하지만 기존의 제도와 관습을 넘어서기 위해 고투하는 주체를 발견하고, 그 투쟁의 구체적인 과정을 그리는 일은 쉬운 일이 아니었다. 이런 주제를 맨 처음 시로 형상화한 이상화의 경우에도 제도와 인습의 압력과 정면으로 맞서 싸우는 주체를 찾으려고 애쓰기보다는 '침실'이라는 은밀한 사적 공간으로 망명하려는 열망에 사로잡힌 젊은이(화자)를 그리는 수준에 머물렀을 뿐이었다.

  이와 유사하게『국경의 밤』의 주인공 청년도 인습과 전통에 대해 반발하고 저항하는 듯한 몸짓을 보여 주면서도 기성 현실에 대한 반감을 구체적인 방향을 지닌 변혁적 에너지로 응집시키지 못하고 단순히 절망과 퇴폐, 그리고 방황에 빠져든다. 그가 독자에게 보여 줄 수 있는 것은 고작해야 현실에 대한 허무주의적이고 냉소적인 태도에 지나지 않았다. 그는 '순이'와의 사랑을 실현하는 데 필요한 최소한의 물질적 여건도 갖추고 있지 못했고(주인공은 영락한 채 국경을 떠도는 것으로 설정되어 있다) 망명할 '침실'조차 없었기 때문이다. 그런 의미에서 본다면 작품의 말미에서 청년이 갑작스럽게 실종되는 것은 불가피한 일이었다고 할 수 있다. 결국『국경의 밤』은, 그 형식의 새로움과 그 배경이 지닌 풍부한 가능성에도 불구하고 그 주제의식 면에서는 1920년대 초 퇴폐적 낭만주의 시, 특히 비슷한 주제의식을 보여 준 이상화의〈나의 침실로〉에 비해 한 걸음도 더 나아가지 못했던 것이다.

하지만 그렇다고 해서 이 작품의 의의를 전적으로 부인할 수는 없다. 특히 이 작품의 배경으로 설정된 국경지방과 이 지역을 무대로 펼쳐지는 사람들의 생활세계에 대한 묘사는 충분히 주목할 만한 가치를 지니고 있기 때문이다. 또 순이와 청년의 과거를 그린 2부 가운데서 식민지화 이후의 조선의 사회・경제적 변화, 특히 북부 국경 지대를 휩쓴 사회・경제적 변화의 과정을 간략하면서도 구체적으로 그린 부분도 주목할 만한 가치가 있다. 가령 재가승의 전통과 율법이 명하는 바에 따라 같은 재가승 집안으로 시집을 간 순이네 가족이 식민지 조선의 사회・경제적 변화에 따라 국경지방으로 이주하게 된 사정은 다음과 같이 묘사된다.

몇해 안 가서
무산령(茂山嶺) 상엔 화차통(火車通)
검은 문명의 손이 이 마을을 다닥쳐 왔다,
그래서 여러 사람은 전토(田土)를 팔아 가지고 차츰 떠났다.
혹은 간도로 혹은 서간도로
그리고 아침나주 짐승 우는 소리 외에도
쇠찌적 가는 소리 돌 깨는 소리,
차츰 요란하여 갔다, 옷 다른 이의 그림자도 좇고

이처럼 무산령에 밀어닥친 자본주의 문명의 물결은 마을 사람들의 삶을 철저히 변화시킨다. 이 변화가 바람직한 방향으로 이루어진 것은 물론 아니다. 철도와 공장을 건설하는 자본주의

문명의 소음을 암시하는 "쇠찌적 가는 소리 돌깨는 소리"는 동시에 봉건 조선의 모든 것을 갈아엎는 식민지 자본주의의 파괴적인 힘을 상징한다. 수백 년간 유지되어 온 조선 사회의 질서를 뒤엎는 이 자본주의의 물결을 거스를 수 있는 것은 아무것도 없다. 식민지 자본주의의 물결은 "멀구 따는 산곡(山谷)에는 토지조사국 기수가 다니더니, / 웬 3각 표주(標柱)가 붙고요, / 초개집에도 양(洋)납이 오르고—"에서 볼 수 있는 것처럼 식민지 조선 사회의 구석구석까지 마수를 뻗치고 있기 때문이다. '간도와 서간도'로의 이주가 이런 파괴의 최종적인 결과였음은 말할 것도 없다. 이처럼 식민지 자본주의의 파괴적인 손길이 조선 사회와 조선인들의 삶을 어떻게 변화시키고 있는지를 압축적으로 그린 구절들은 『국경의 밤』에서 가장 돋보이는 부분들이다.

이런 구절들은 김동환이 식민지화로 인한 조선 사회의 사회·경제적 변화를 비교적 정확하게 포착하고 있음을 말해 준다. 얼핏보기에 1920년대에 유행하던 민요의 한 구절을 연상시키는 앞의 구절들은 『국경의 밤』이 서사시가 감당해야 할 현실의 총체성 묘사의 요구에 어느 정도 부합할 가능성을 지니고 있었음을 말해 준다. 이 밖에도 작품 속에서 그려지고 있는 변경 지방 사람들의 삶의 모습들도 식민지 조선 사회에 대한 문학적 보고로 가치 있는 부분이라고 할 수 있을 것이다. 그런 점에서 『국경의 밤』에서 우리가 높이 사야 할 것은 이 작품이 지닌 몇 가지 '새로움'만이 아니라, 자신의 눈앞에서 전개되고 있는 조선 사회의 변화를 정확하게 그려내려고 한 치열한 작가 정신이라고 할 수 있다.

하지만 작품 속에서 그려진 식민지 조선의 사회·경제적 변화는 등장 인물들의 삶과 뚜렷한 연관을 맺지 못한 채 단지 배경으로만 처리되고 있을 뿐이어서 아쉬움을 남긴다. 또 작품의 문면에서 암시되는 청년의 사상적 방황과 변모 과정이 요약적 서술로 대치되고 있어 구체성을 얻지 못한 점도 대단히 아쉬운 부분이다. 특히 봉건적인 제도와 관습에 대해 급진적이고 개혁적인 태도를 지녔던 청년이 퇴폐적인 삶으로 빠져드는 과정은 대다수의 1920년대 청년 지식인들이 겪었던 정신적 방황과 관련하여 대단히 중요한 의미를 지니는 부분이지만, 작품 속에서는 단지 요약적 서술로 대치되고 있을 뿐이다. 따라서 청년이 보여 주는 반문명주의적 열정은 그 강렬함에도 불구하고 구체성을 얻지 못한 채 추상화되며, 그가 퇴폐적이고 타락한 삶에서 벗어나 재생과 구원을 위해 순이를 찾아다닌다는 설정 역시 설득력을 잃고 만다.

2) 『승천하는 청춘』
— 변혁에 대한 열정과 탈현실에의 욕망

『승천하는 청춘』은 『국경의 밤』에 대한 문단의 평가에 고무된 김동환이 야심적으로 발표한 서사시다. 이 작품 역시 『국경의 밤』과 마찬가지로 모두 3부로 구성되어 있으며 주제 역시 비슷하다. 하지만 남녀간의 자유로운 애정에 대한 열망이, 당시 지식인 청년 사회를 휩쓴 진보 및 개혁의 열정과 맞물리면

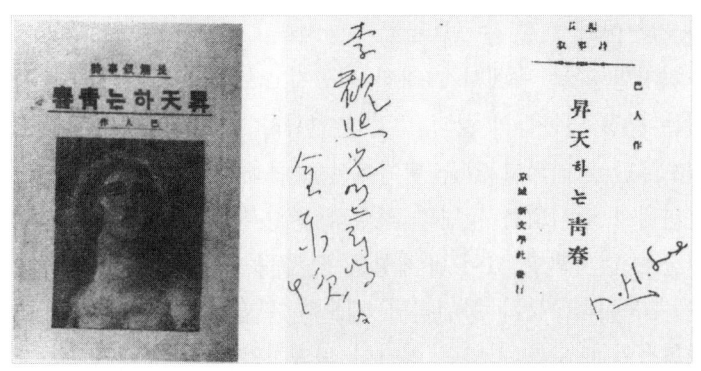

1925년 12월 25일 두번째 시집 『승천하는 청춘』을
문예시대사 이관희 사장에게 증정

서 좀더 복잡하게 전개되어 간다는 점에서 『국경의 밤』과는 상당히 달라진 모습을 보여 준다. 뿐만 아니라 주인공들이 비록 환상 속에서이긴 하지만 자신들이 꿈꾸는 완전하고 이상적인 사랑을 성취하는 것으로 그려진 점도 뚜렷한 결말 없이 비극적인 상황만을 암시하고 있는 『국경의 밤』과는 다른 점이다. 이러한 차이점은 전통과 인습으로부터의 해방에 대한 열망과 식민지 조선 사회의 근본적인 개혁에 대한 열망이라는 당대의 핵심적 이슈들을 하나의 작품 속에서 결합시키려 한 김동환의 야심적인 기획에서 비롯된 것이다.

하지만 결론부터 미리 말한다면, 김동환의 야심적인 기획과 주인공들이 해방의 상태에 도달하는 것으로 처리된 결말에도 불구하고 이 작품은 『국경의 밤』이 도달한 수준에도 미달하는 실패작이라고 하는 것이 마땅하다. 우선 주제와의 관련성으로 미루어 보아 서사의 중요한 한 축을 이루어야 할 진보 운동 부분이 서사의 또 다른 한 축인 남녀 주인공의 갈등과 긴밀한 관련을 맺지 못한 채 겉돌고 있어서 서사적 완결성을 갖추고 있지 못하기 때문이다. 또 작품 내부에서 주인공들에게 고통을 강요하는 문제들을 극복할 수 있는 현실적 가능성을 찾으려는 노력 대신 주인공들의 죽음을 암시하는 '승천'의 환상을 끌어들이는 안이한 결말을 택한 것도 이 작품의 한계라고 할 수 있다. 결국『승천하는 청춘』은 서사 구조의 엉성함과 주제의식의 안이함을 여지없이 드러내고 있는 것이다.

이 작품의 1부는 음산한 가을 날씨를 배경으로 하여 시구문 밖 공동묘지의 음울한 풍경을 그리는 데서 시작된다. 납량극의 한 장면을 연상케 하는, 공동묘지에 대한 지루할 만큼 장황한 묘사가 이어진 후 어린아이의 시체를 파묻고 울며 떠나는 여인과 그녀가 떠난 뒤 얼마 지나지 않아 그 시신을 파내어 품에 안고 여인의 뒤를 따라가는 사내에 대한 묘사가 1부의 내용을 이루고 있는 것이다. 다소 괴기스럽고 음산하기까지 한 1부의 장면 묘사와 상황 설정은 독자들의 호기심을 자극하고 관심을 붙잡아 두려는 시인의 의도에서 비롯된 것으로 보인다. 하지만 시인의 의도가 작품의 객관적인 구조를 압도함으로써 결과적으로는 서두 부분이 지나치게 길고 장황해져 버렸다. 이 점에서『승천하는 청춘』의 도입부는, 간결하면서도 강렬한 인상을 주는 장면 묘사를 통해 극적 긴장감을 조성했던『국경의 밤』의 도입부에 비해 현저하게 수준이 떨어진다.

2부는 과거로 돌아가서 이 남녀의 정체와 관계를 밝힌 부분으로 이 작품에서 가장 의미있고 주목되는 부분이다. 2부의 주된 배경은 동경에서 얼마 떨어지지 않은 천엽(千葉) 해안의 습지야(習志野) 이재민 수용소이다. 수용소를 그린 이 부분이 특별한 주목을 받아야 할 이유는, 그것이 관동대진재(1923) 이후 식민지 조선인들이 겪는 고통에 대한 문학적 보고서의 성격을 지니고 있기 때문이다. 즉, 이 작품의 2부는 일본 관헌에 의해서 날조된 유언비어로 인해 수천 명의 조선인들이 억울하게 희생된 관동대진재 이후 용케 재난을 피한 조선인들이 이재민 수용소에서 질병과 굶주림과 민족적 차별로 인해 또 다른 고통을 겪고 있음을 생생하게 보여 주고 있는 것이다.

    이 수용소에는 "진재(震災)의 참화를 요행 벗고 나앉은 / 총과 칼에 호위되어 먼 하늘만 치어다 보고 지내는 / 흰 옷 입은 족속"들이 수용되어 비참하게 지내고 있다. 그들은 "내굴과 불고치와 또 모든 위험에서 겨우 피해서" 살아남은 사람들로 참혹하기 이를 데 없는 몰골을 하고 있다. "어쩌다가 그만 이마 우에 뚜렷한 낙인을 받은 이 / 불꼬치에 낯반댁을 왼통 까슬려 흑노(黑奴) 같이 된 이 / 어떤 이는 팔을 못 쓰고 어떤 이는 다리를 절르며 / 모다 싸움터로 돌아온 폐병(廢兵) 같이" 사나운 몰골을 한 이들의 모습에서 이들이 겪은 대진재의 참상과 수용소에서의 고통스러운 삶이 간접적으로 암시되고 있다. 이들의 비참한 모습은, 이재민의 실태를 시찰하러 나온 일본군 장군의 눈에 마치 "시렁에 달린 생번(生蕃 — 대만의 원주민 — 인용자) 대가리 같은" 느낌을 줄 정도이다. 게다가 이들은 '보호'라는 미명으로 위장된 일본군의 야만적인 감시, 그리고 열악한 영양과 위생 조건 속에서 인간 이하의 고통을 겪고 있다. 김동환은 이 점을 강조함으로써 조선인들의 처참한 삶이 단순히 천재지변 때문만은 아니라는 점을 분명히 하고 있다.

> 하늘만 애연히 부르고 지내는 병실은 너무도 처참하다
> 오만한 백성에게 내리는 하늘의 단근질을 피한 목숨이
> 역사를 달리한 어느 손에 걸린 단근질까지 피한 목숨이
> 이제 또 푸른 다락 뚝딱하는 독갑이 떼 같은 병마에까지
> 목숨의 단근질을 받는다면 아, 하늘은 너무나 무심하느이

일본에 거주하던 조선인들에게 엄청난 재앙을 가져다 준 관동대진재는 결코 자연재해일 수만은 없었다. 대진재 자체는 "오만한 백성에게 내리는 하늘의 단근질"이었으나 조선인들은 "역사를 달리한 어느 손에 걸린 단근질", 즉 일본 관헌들이 날조해서 유포시킨 유언비어로 인해 수천 명이 무참하게 학살되는 불행을 겪었기 때문이다. 김동환은 여기에 덧붙여 대진재와 일본인들의 조직적인 학살로부터 요행히 살아난 조선인들이 이재민 수용소의 비위생적이고 조악한 시설과 차별적인 대우 때문에 대진재의 재앙에 못지 않은 고통을 겪고 있음을 그려냈다. 그런 점에서 『승천하는 청춘』의 2부 앞부분은 관동대진재 이후 조선인들이 겪었던 고통을 그린 보기 드문 문학적 보고서라고 할 수 있다.

하지만 이 작품 속에서 이재민 수용소가 단지 불가항력적인 재난의 공간으로만 머물고 있는 것은 아니다. 오히려 남녀 주인공의 입장에서만 본다면 이 수용소는 모든 인습과 제도의

장벽을 뛰어넘어 과감하게 사랑을 성취할 수 있도록 해 주는 축복의 공간일 수도 있기 때문이다. 김동환은 동물적인 생존의 욕구와 본능이 모든 것을 압도하는 비일상적인 공간인 이재민 수용소를 작품의 무대로 설정함으로써 남녀 주인공이 아무 방해도 받지 않고 제도와 인습의 장벽을 넘어설 수 있는 조건을 만들어 준 것이다. 여주인공이 스스로 남주인공을 찾아가서 사랑을 맺는, 문자 그대로 파격적 행위를 할 수 있는 것은, 그들이 처한 공간이 내일을 기약할 수 없는, 그리고 일상적인 윤리와 관습이 일시적으로 작동을 중지한 곳이었기 때문에 가능한 것이었다.

물론 작자는 이들의 사랑이 일시적인 충동에 의한 것이 아님을 말하기 위해 그 나름대로 이들이 사랑하게 되기까지의 과정을 설명하고 있긴 하다. 그들은 이미 대진재 전부터 동경의 기독교회관에서 열린 진보적인 청년들의 회합에서 만나 서로에게 호감을 느끼던 사이였고 수용소에서 다시 만난 뒤에는 병든 처녀의 오빠를 함께 간호하면서 서로 깊이 신뢰하고 사랑하는 사이가 된 것이다. 하지만 이런 설명에도 불구하고 여주인공이 남주인공이 수용된 사동(舍棟)을 찾아가서 사랑을 맺도록 한 상황 설정은, 수용소라는 특수한 공간을 전제하지 않는 한 납득하기 어렵다.

이 두 남녀가 급속히 가까워지고, 더군다나 부모의 승인과 결혼이라는 제도적 절차를 거치지 않고 사랑을 맺도록 하기 위해서는 조선의 관습 및 제도와는 완전히 단절된 공간이 필요했던 것이다. 그런 비일상적인 공간과 오빠의 죽음으로 인해 의지할 데가 없게 된 처녀의 처지에서만 기존의 윤리와 관습을 뛰어넘은 사랑의 성취가 가능했기 때문이다. 그런 점에서 천엽 수용소라는 배경은, 현실 그 자체를 그리려는 투철한 작가의식에 따라 선택된 것이라기보다 차라리 자기 작품의 주인공들의 행위에 그럴 듯한 동기를 부여하기 위해서 선택된 공간이라고 하는 것이 옳을지도 모른다.

  2부의 후반부는 사랑하는 청년과 이별하고 난 뒤 고향에 돌아온 처녀의 생활과 여인이 아이를 공동묘지에 묻게 되기까지의 사연을 그리고 있다. 처녀는, 이재민 수용소에서 불온한 사상을 지녔다는 이유로 일본군에게 끌려간 청년이 죽은 줄 알고 고향으로 돌아간다. 그리고 "초 한 대면 로마를 태운다"는 비장한 각오로 교육 활동에 나선다. 하지만 처녀는 부모의 요구라는 형식으로 표현된 현실의 제도와 관습에 따라, 그리고 무엇보다도 자신의 내면에서 타오르는 육체의 욕망을 이기지 못하고 이내 다른 남자와 결혼을 하게 된다. 그녀는 "이렇게 거짓으로 된, 웃음과 연애와 꿈과·시가를 빼앗아서 가는 세기를 / 어떻게 세상으로서 내쫓을까고"라면서 세상을 원망하지만 결국 결혼하는 길을 택하고 마는 것이다.

  처녀가 자신의 육욕과 결혼을 정당화하는 논리는 당시의 관점으로 보자면 대단히 급진적인 것이었다. "육(肉)은 생명이다 전체는 아니어도 가장 중요한 생명의 요소다 / 성욕의 부정은 생명의 부정이다 성욕의 경멸은 자기 자신의 경멸이다 / 그것은 창조력의 권화(勸化)이다, 육이란 창조 의사다 / 어느 한때는 육이 생명의 리듬을 지배한다 / 더 큰, 더 깊은, 더 좋은, 세계로

4. 서사적 충동과 서정적 충동의 갈등

나아가는 생명의 율동이 / 성을 통하여 생긴다"는 것이 그녀의 논리였던 것이다. 이처럼 육체와 성욕을 긍정하는 태도는 정녀불경이부(貞女不更二夫)라는 봉건적 윤리를 부정하고 개인의 육체적 욕망을 긍정한 것이라는 점에서 대단히 혁신적인 것일 수 있었다. 그리고 줄곧 남녀간의 자유로운 사랑을 가로막는 제도와 관습에 대한 반감을 표현한 김동환의 입장에서 보면 처녀의 이런 입장은 충분히 지지할 만한 것이었다.

그러나 김동환이 이런 처녀의 육체적 욕망을 긍정하고 처녀의 개방적인 관점에 공감을 보낸 것은 아니었다. 그래서 서술자는 격앙된 어조로 "여자는 결국 사람이었다! 그 색시도 결국 여자이었다! / 그는 제 고기를 이기지 못하는 단순한 한 개의 여자이었다!"라면서 처녀의 욕망에 대해 격렬한 비난을 퍼붓는다. 처녀의 결혼은 단지 순결한 사랑과 변혁에의 열정을 버리고 육체의 욕망과 세속적 안락에의 유혹에 굴복한 사건이라는 것이다. 이는 김동환이 봉건적 윤리와 관습을 비난하면서도 여전히 정녀불경이부의 윤리적 관점을 포기하지 않고 있으며 정신적 사랑과 육체적 사랑의 조화라는 고전적인 사랑의 모델에 대한 집착에서 벗어나지 못하고 있음을 말해 준다. 서술자가 그녀의 결혼에 대해 줄곧 냉소적인 태도를 취하는 것도 그 때문이다. "그는 결혼으로 사랑의 창이(愴痍)를 고치려 했다 / 그 마음은 육에 도취하던 순간만은 효험이 있었지만", 결국 그녀는 시간이 갈수록 애인에 대한 그리움과 남편에 대한 죄책감 사이에서 고민하는 것이 당연하다는 것이다.

그러던 중 떠돌이 악사의 모습으로 자신을 찾아온 옛사랑을 다시 만나면서 그녀의 결혼은 파탄에 이르게 된다. 물론 사상 불온이라는 이유로 일본군에 끌려간 그가 어떻게 일본군의 손아귀에서 벗어나서 고향으로 돌아오게 되었는지에 대해서는 간략한 요약적 서술로 대치되어 있어 전혀 서사적 구체성을 지니고 있지 못하다. 일시적으로 끊어졌던 남녀의 인연을 다시 이어 주는 것이 중요했을 뿐, 작품 자체의 완결성과 서사적 구체성은 김동환의 주된 관심사가 아니었던 것이다. 하지만 구사일생으로 살아난 그가 고향으로 돌아와서 목격하게 되는 식민지의 참경은 습지야 수용소에 대한 묘사와 함께 이 『승천하는 청춘』의 빛나는 부분에 해당된다. 간결하지만 정확한 묘사로 김동환은 식민지 조선의 사회·경제적 변화와 풍속의 변화를 정확하게 짚어내고 있기 때문이다.

> 그러나 이 속에도 적은 파괴는 있었다
> 없던 신작로 새로 생기고 없던 풋볼이 공중에 뜨고
> 제가 이웃마을 서당 갔다가
> 석양녘 책보 둘러메고 헤헤하고 방축으로 넘어설 때
> 저쪽 실버들 아래 나부끼던 나물시치 색시
> 이제는 구두신고 대문간에서부터 곰의 소리치며 달려든다, 반가워라고
> 수줍어 말못하고 버들가지 뚝 꺾던 그 풍정은 어디로?
> 산에 가도 두세 밤씩 자며 있던 풋나무꾼들이
> 낮 날에 녹 쓰는 줄도 모르게 색주가 집 찾아다닌단다
> 소는 노인들이 몰고 뽕은 할머니 따고
> 아하, 문명이 마을 풍경을 책보에 싸 가지고 유학을 가버렸다

4. 서사적 충동과 서정적 충동의 갈등

이런 묘사는 염상섭이 〈만세전〉에서 식민지화된 조선 농촌의 사회·경제적 변화를 묘사한 부분에 비교될 만한 구체성을 지니고 있다. 하지만 염상섭의 주인공이 이런 식민지 조선의 변화에 절망한 나머지 '빛의 서울' 동경으로 탈출하는 데 비해 김동환의 주인공은 식민지 현실을 변혁하려는 의지를 다지면서 다시금 변혁 운동에 뛰어든다. 그는 "지선을 위해서, 정당을 위해서 / 목숨을 위해서 역사의 진행을 위해서 / …… / 피투성이가 되어 애썼다, 싸웠다, 울었다, 획책했다"는 것이다. 이 부분은 주인공이 추구하는 변혁이 방향과 관련하여 대단히 중요한 의미를 지니는 부분이지만 여기서는 간단한 수사적 표현으로 대치되어 전혀 구체성을 지니지 못하고 있다. 이는 시인이 지닌 변혁의 이상이 관념적인 수준에 머물렀기 때문이라고 할 수 있다.

어쨌든 변혁 운동에 뛰어든 주인공은 역사의 진전을 위해 기꺼이 목숨을 바치는 참다운 동지를 발견하지 못한 데 실망한 나머지 자신이 스스로 변혁 운동에 목숨을 바치기로 결심한다. 그가 떠돌이 악사의 모습으로 처녀의 고향을 찾은것은, 그런 결심을 수행하기 전에 마지막으로 신변을 정리하기 위한 것이었다. 청년과 처녀의 만남은 외출에서 돌아오던 처녀가 '깽깽이 소리'에 끌려 사람들이 모인 곳에 감으로써 이루어진다. 희망과 절망이 급격히 교차하는 이 만남에서 물론 청년은 처녀를 포기하고 떠나지만 이로 인해 여주인공의 갈등과 고민은 더욱 깊어지고, 급기야 남편이 아닌 청년의 아이를 낳은 뒤 부모와 남편에게 버림을 받게 된다.

이후 그녀는 "부모와 애인과 희망과 행복을 빼앗아 가는 이 세상"에 복수하기로 결심하고 담배 회사 여직공, 침모, 대가댁 행랑어멈 등 여러 가지 직업을 전전하면서, 세계의 변혁을 꿈꾸는 비밀결사에 투신한 청년을 남모르게 뒷바라지한다. 그녀는 고된 노동으로 자신의 육신을 학대하는 한편, 비밀결사의 조직원으로 활동하는 청년을 물심양면으로 지원함으로써 자신이 범한 욕망의 과오를 속죄하고자 하는 것이다. 하지만 아이가 병들어 죽게 됨으로써 그녀는 결정적인 불행에 빠지게 된다. 이로써 독자는 1부에서 아이의 시신을 시구문밖 공동묘지에 묻은 실성한 여자가 다름 아닌 여주인공이었으며 아이의 시체를 파내어 여인의 뒤를 쫓아가는 사내가 남자 주인공이었음을 눈치채게 되는 것이다.

3부는 다시 현재로 돌아와 남녀 주인공이 서로 만나서 재결합하는 과정을 그리면서 작품을 마무리하는 부분이다. 그들은 함께 진고개에 있는 천주교당에서 만나 서로의 사랑을 확인하고 "거룩한 사랑을 빵이 빼앗아가지 않는 세상, 부엌간까지 비춰주는 태양이 있는 곳"을 따라 가서 새 삶을 누릴 것을 다짐하면서 승천을 하게 되는 것이다. 그러나 여기서의 새 삶과 새 세계로의 비약을 의미하는 '승천'이란 결국 주인공들의 자살을 암시하는 것으로 읽힌다. 물론 이 점이 명시적으로 드러나는 것은 아니다. 하지만 현실로부터 초월적인 세계로 나아가는 것을 의미하는 승천에서 어떤 종교적 암시를 기대하기는 힘들다. 실제로 작품의 전개 과정에서 마지막 장면을 종교적인 구원의 가능성과 연관시킬 만한 부분은 전혀 나타나지 않기 때문이다.

그렇다고 해서 청년이 투신한 사상운동에서 구원의 가능성을 찾고 있다고 보이지도 않는다.

그렇다면 이들의 승천이란 결국 현실에서 제도 및 관습으로부터의 해방과 새로운 삶의 가능성을 찾을 길이 없다는 인식의 다른 표현으로 보지 않을 수 없다. '지금 여기'가 아닌 또 다른 세계로의 탈출을 뜻하는 승천이 결국 죽음(자살) 이외의 다른 것을 뜻한다고 볼 수 있는 여지는 없는 것이다. 따라서 작품의 말미에 그려진 남녀의 승천 과정은, 죽음의 순간에 경험하는 짧디 짧은 환각을 심미화한 것이라고 할 수 있다. 결국 『국경의 밤』에서 보았던 청년의 실종과 마찬가지로 『승천하는 청춘』에 등장하는 남녀 주인공의 자살은, 주인공들이 자유롭게 사랑을 성취할 수 있는 가능성을 발견할 수 없는 데서 오는 절망의 표현에 지나지 않았던 것이다.

이러한 주제의식을 가벼운 것이라고 단정지을 수만은 없다. 물론 민족의 독립이나 식민지 조선인들의 고통을 그린 시들에 비한다면 청춘남녀의 사랑이라는 문제를 다룬 이 시의 무게가 가볍게 느껴질 수도 있다. 하지만 봉건적인 윤리와 관습의 억압으로부터 해방된 개인의 형성이 근대의 또 다른 전제라는 점에서 본다면 김동환이 다룬 주제는, 민족의 독립을 부르짖거나 식민지 백성의 고통을 그린 시들에 못지 않은 무게를 지닐 수도 있는 것이었다. 따라서 여기서 눈여겨보아야 할 것은 다루는 주제 그 자체가 아니라 그 주제를 얼마나 치열하게 추구했는가 하는 문제다. 김동환이 만약 개인의 삶을 억압하는 제도와 관습과 윤리의 실체를 정확하게 파악하고 그것과의 갈등을 통해서 새로운 삶의 방향을 개척해 가는 인물들을 창조할 수 있었다면 이 작품은 성공한 작품으로 평가받을 수 있었을 것이다.

그러나 아쉽게도 『국경의 밤』도 그랬지만 『승천하는 청춘』 역시 이런 중요한 주제들을 다루면서도 그것을 끝까지 밀고 나아가지 못하는 한계를 보여 준다. 『국경의 밤』의 주인공이 진정한 사랑의 가치를 역설하면서 여주인공에게 인습의 굴레에서 벗어날 것을 요구하지만 막상 자신의 요구가 실현될 가능성이 높아진 순간 작품 속에서 실종되어 버리는 것과 마찬가지로 『승천하는 청춘』에서도 시인은 제도와 인습의 억압으로부터 벗어난 사랑, 혹은 정신적 지향과 육체적 욕망이 조화를 이룬 사랑이 식민지 현실 속에서 어떻게 가능할 것인지를 진지하게 천착하기보다는 서둘러 주인공들을 죽음으로 인도하고 마는 것이다. 그런 점에서 김동환의 서사시는 모두 서사의 완결성을 획득하지 못한 불구적인 서사시에 지나지 않는다고 하는 것이 옳을지 모른다.

이와 함께 주인공들을 둘러싼 환경이 주인공들의 삶과 직접적이고 긴밀한 관계를 맺는 대신 단지 외적 장식물로 전락하고 만 것이나 청년이 관여한 변혁 운동이 그것이 지닌 객관적인 의미와 상관없이 구체화되지 못한 채 작품의 표면 위를 떠돌고 있는 것도 이 작품의 중요한 한계라고 할 수 있다. 물론 『승천하는 청춘』에서는 자본주의 문명에 대한 반감과 변혁에의 열정이 좀더 강하게 표출되고 있다. 청년은 줄곧 세계와 제도의 변혁을 꿈꾸는 비밀결사의 일원이며, 처녀 또한 거기에 공감할 뿐만 아니라 청년의 배후에서 그를 지원하는 위치에 있다. 또 서술자 역시 곳곳에서 자본주의 문명에 대해 강한 반감을 노골적으로 드러내고 있다. 하지만, 이들이 꿈꾸는 변혁의 방향과 내용은 몹시 불분명하고 추상적이다. 더욱이 세계의 변혁을 지향하는 운동과 자신들의 사랑을 어떻게 연결시킬 것인지에 대한 고민의 흔적은 거의 나타나지 않는다.

그런 점에서 주인공의 실종이나 자살로 마감되는 김동환의 서사시의 결말이 미흡한 것은, 이런 불철저한 주제의식 탓이라고 할 수도 있다. 김동환은 자신이 그리는 세계와의 치열한 대결을 통해 자신의 주인공들이 살아갈 공간을 창출해내기 위해 애쓰는 대신 그런 안이한 결말로 미봉하고 말았던 것이다. 이는 그가 서사시 양식을 선택했음에도 불구하고 준엄하고 객관적인 서사의 논리를 따르는 대신 자의적으로 작품에 개입했기 때문이라고 할 수 있다. 따라서 그것은 서사시 양식에 대한 진지한 천착을 할 만한 기회도 갖지 못했고 주제의식에도 철저하지 못했던 김동환의 한계라고 할 수 있다. 하지만 그것은 동시에 1920년대 식민지 조선 사회와 문단의 한계이기도 했다.

이상에서 본 것처럼 김동환의 두 서사시가 그려낸 것은, 결국 청춘의 열정과 제도, 혹은 관습 사이의 대립과 갈등이었다고 할 수 있다. 이 대립과 갈등은 분명 1920년대의 상황에서, 그리고 새로운 문명과 윤리를 익힌 젊은 세대에게 있어서는 대단히 중요한 의미를 지닌 것일 수 있었다. 이미 이상화의 〈나의 침실로〉가 보여 준 것처럼 기존의 윤리와 관습의 구속에서 벗어나 자유로운 사랑의 열정을 불태우는 것이야말로 이 시대 청년 지식인들이 간직하고 있던 내밀한 꿈일 수 있었던 것이다. 그리고 자유로운 사랑의 성취에 대한 갈망은 바로 개성의 해방에 대한 열망과 통하는 것이라는 점에서 근대적인 의미를 지니는 것이었다. 그런 점에서 김동환의 서사시가 보여 준, 자유로운 사랑의 성취를 향한 개인의 열정과 사회 제도나 관습과의 갈등은 충분히 의미있는 것이었다. 그리고 이 갈등 자체에 초점을 맞추는 한, 서정이 아닌 서사의 필요성을 외면할 수는 없었다.

따라서 김동환이 서정시 대신 서사에 의존한 것은, 자신이 다루고자 하는 소재의 특성과 장르의 특성을 그 나름대로 정확하게 이해하고 있었기 때문이라고 할 수 있다. 하지만, 그가 소설 대신 서사시라는 초유의 장르를 통해 이를 그려내려 한 것은, 새로운 문학 장르를 개척한다는 개인적 야심 때문이기도 하지만, 소설을 써낼 만큼 자신의 소재를 충분히 장악하고 있지 못했기 때문이었다고 할 수 있다. 그의 서사시가 내장하고 있는 서사 구조의 어설픔과 약점들이 이를 입증해 준다. 실제로 『국경의 밤』이나 『승천하는 청춘』은 모두 완결된 서사 구조를 지니고 있다고 보기 힘들다. 전자에서는 문제만 던져놓은 채 순이 남편의 장례식 장면으로 서둘러 마무리지음으로써 문제 자체를 미봉시키고 말았고, 후자의 경우도 청년과 처녀를 불행 속에 몰아넣은 현실은 그대로 내버려 둔 채 남녀 주인공의 죽음으로 서사를 마무리지음으로써 그 자신이 여전히 전망 부재의 상태에 있음을 드러내고 있다.

뿐만 아니라 사건들 사이의 인과적인 연쇄에 대한 치밀한 고찰, 작품 속에서 그려지고 있는 인물들과 그들을 둘러싸고 있는 사회·역사적 환경의 연관성에 대한 총체적 고찰 또한 결여되어 있다. 이러한 서사 구조의 취약함은 요약적 진술을 통해서 미봉되거나 서술자가 격앙되고 과잉된 감정을 토로하는 것을 통해서 부분적으로 보완되기도 한다. 김동환은 자신이 다루는 소재의 특성을 살리기 위해 불가피하게 서사에 의존했지만, 그 서사를 감당하고 장악할 만한 힘을 갖추고 있지는 못했던 것이다. 그런 점에서 김동환의 서사시는 외형적으로는 분명하게 서사시의 꼴을 갖추고 있지만, 실제로는 서사시라기보다 서사적 요소와 서정적 요소가 불안하게 동거하고 있는 미완의 장르라고 할 수 있다. 결국 김동환은 새로운 장르를 개척하겠다는 그 자신의 의욕과 패기에도 불구하고 본격적인 서사시의 창조에까지 나아가지는 못했던 것이다.

  그 결과 그의 서사시들에는 당대 현실의 핵심적인 변화를 예리하게 포착한 부분도 없지는 않지만, 이러한 현실인식조차도 작품에 등장하는 인물들의 삶과의 관련 속에서 그려지는 대신 주변적인 장식으로 전락하고 말았다. 현실에 대한 그 나름의 통찰은 그의 내면에 간직된 서사적 충동을 자극한 것이 사실이었고 이 때문에 새로운 양식의 시를 선보일 수 있었지만, 이 충동을 예술적으로 객관화하는 데는 실패했던 것이다. 따라서 그의 서사시는 문학사적인 성취로 평가되기보다는 차라리 새로운 문학사적 과제를 제기했다는 측면에서 평가될 필요가 있다고 여겨진다. 그리고 그 문학사적 과제는 김동환 자신이 해결해야 할 문제였다. 그러나 김동환은, 자신이 개척한 서사시 장르를 발전시키기보다 이를 부정하고 서정시로 나아가게 된다. 본격적인 서사시의 창작을 위해서는 현실과의 치열한 대결이 불가피했으나 그로서는 여기에 뒤따르는 긴장과 삶의 무게를 감당할 수 없었던 것이다.

### (3) 서사적 충동의 약화, 혹은 절망과 위악의 포즈

앞에서 이미 언급한 것처럼 『국경의 밤』과 『승천하는 청춘』 이후 김동환은 서사시를 포기했다. 물론 스스로 '서사시'라고 장르를 규정한 〈우리 4남매〉같은 작품이 없었던 것은 아니지만, 그것은 서사시에 현저하게 미달하는 것이었다. 따라서 『승천하는 청춘』 이후 김동환이 서사시를 포기했다는 판단은 지나친 것이 아니다. 하지만 서사시를 포기했다고 해서 그의 초기 시를 이끌어온 서사적 충동까지 완전하게 소멸되었다고 보기는 어렵다. 1920년대 말까지 그의 작품에서는 지속적으로 서사적인 요소들이 발견되기 때문이다. 이것은 그가 여전히 근대적인 개혁에 대한 열망을 포기하지 않고 있었던 점과 관련된다. 앞에서 이미 살펴본 것처럼 그에게 있어서 서사적 충동은 변혁에의 열정과 긴밀하게 맞물려 있는 것이었기 때문이다.

물론 1920년대 후반에 김동환이 발표한 시들 가운데는 서사적인 성격이 일체 배제된 감상적인 서정시도 다수 발견된다. 〈산천의 향기〉라는 제목 아래 발표된 연작 기행시나 유적구 등과 함께 발표한 〈춘영집〉(『조선일보』, 1928. 4. 18) 같은 작품들이 그런 예에 해당된다. 이런 시들에서는 서사적인 요소는 완전히 배제되고 있으며 다분히 애상적이고 회고적인 정조들이 지배적으로 나타난다. 김동환이 그의 일생 중 가장 급진적인 태도를 보여 주었던 이 시기에조차 그가 표방한 이념적 입장과 상충되는 작품들이 발표되는 것이다. 이는 김동환이 명시적으로 표현한 이념과 그의 내면 사이에 상당한 거리가 있음을 말해 주는 증거라고 할 수 있다.

그런 점에서 『승천하는 청춘』 이후 1920년대 말까지는 '서사적 충동 — 변혁에의 열정'과 '서정적 충동 — 현실순응주의적 태도'가 격렬하게 맞부딪치면서 점차 후자 쪽이 승리를 거두어 가는 시기라고 할 수 있다. 다시 말해서 그는 의식 차원에서는 현실에 대해 반항적인 포즈를 취했고 이 때문에 카프의 계급문학론에 동조적인 태도를 취하기도 했지만 내면적으로는 끊임없이 이념의 요구로부터의 탈출을 시도하고 있었던 것이다. 그의 내면에서 타오르고 있던 낭만적 열정은 현실에 대한 막연한 불만이나 단순히 지식으로 습득한 진보적 세계관을 압도할 만큼 강렬했기 때문이다. 따라서 1930년대부터 그가 현실순응주의적인 태도를 분명하게 드러내면서 민요조 서정시에 안주하게 되는 것은 갑작스러운 일이 아니라 이런 격렬한 내적 갈등의 결과였다고 하는 것이 옳을 것이다.

하지만 어쨌든 1920년대 말까지 김동환 시에서 서사적인 성격이 두드러지게 나타난다는 점을 부인할 수는 없다. 그리고 이 서사적인 성격을 지니고 있는 시들은 대부분, 그의 서사시가 그랬던 것처럼 현실에 대한 반항 의식과 변혁에 대한 열정의 소산이라고 할 수 있다. 이 시들에서는 주로 현실과의 대립과 갈등, 혹은 거기서 비롯된 고뇌가 그려지고 있기 때문이다. 하지만 이 시들에 반영되어 있는 서사적 충동들이 『국경의 밤』이나 『승천하는 청춘』처럼 본격적인 서사시로 귀결되지 못한 것은, 변혁의 가능성에 대한 회의와 절망 때문인 것으로 추측된다. 다시 말해서 변혁의 가능성에 대한 회의와 절망 때문에 서사적인 요소가 본격적으로 전개되어 나아가지 못하고 절망과 탄식에서 헤어 나오지 못하는 화자의 모습이 그려지는 것이다.

가령 김동환 자신이 '서사시'로 규정한 〈우리 4남매〉(『조선문단』, 1925. 11)는 "나랏일에 몸을 바친다고 돌아다니던 아버지"가 죽고 난 뒤 4남매가 겪게 되는 인생유전을 그린 작품으로, 세상을 변화시키려던 아버지에 대한 공감보다는 오히려 가족들을 돌보지 않은 데 대한 원망의 감정과 자학적이고 자조적인 정조에 의해서 지배되고 있다. 이 작품에서 4남매의 불구적인 삶은 모두 아버지의 부재에서 기인하는 것으로 그려진다. 즉 큰형은 세상을 뒤엎을 계획을 꾸미다가 감옥에 갇혀 있고, 둘째는 도둑질을 하며, 누이는 색주가에 몸을 묻고 살아가며 작중 화자인 '나'는 쓸데없이 쌀이나 축내는 바구미처럼 무위도식하며 살아가거니와, 이 모든 불행의 원인은 가족을 돌보지 않은 아버지에게 있다는 것이다. 이 시가 서사시를 의도하고 씌어졌음에도 불구하고 서사시가 되지 못한 이유는 바로 이 점, 다시 말해서 절망과 자탄, 그리고 패배주의적 감상 때문이라고 할 수 있다.

이런 양상은 〈시체를 안고〉(『개벽』, 1925. 12) 같은 작품에서도 비슷하게 나타난다. 이 시는 사상운동에 가담하기 위해 두만강을 건너다가 일경의 총에 맞아 죽은 동무의 시신을 안고 다시 두만강을 건너는 젊은이의 심정을 그린 작품으로, "뼈라도 제 땅에 가고 싶다"는 동무의 유언에 따라 두만강을 건너가는 젊은이의 모습을 그리고 있지만, 이 시를 지배하는 정조도 패배의식과 절망감에 지나지 않는다. 또 이와 비슷한 소재를 다룬 〈사군〉(『신여성』, 1926. 3)이란 작품 역시 서사적 성격이 강한 시이기는 하지만, 서사의 본격적인 발전은 이루어지지 않고 단지 독립운동을 하다 총에 맞아 숨진 오빠의 시신을 청루 마당에 숨겨놓은 채 웃음을 팔아야 하는 화자(주인공)의 처절한 심정만 강조된다. 죽은 오빠와 사지에 처한 애인을 위해 아무 것도 할 수 없는 화자의 무력감과 절망감이 작품을 지배하는 중심 정조인 것이다.

　이 시들의 공통점은 주로 그가 성장한 국경 지방, 특히 두만강변을 배경으로 설정하고 있고, 사상운동(그 구체적인 내용은 불분명하지만, 넓은 의미에서의 항일운동이라고 할 수 있다)에 참여한 사람의 가족들이 겪는 고통과 불행을 소재로 하고 있다는 점이다. 이것은 그의 초기 시의 중요한 특징을 이루고 있는 서사적 충동이 그의 원체험, 특히 국경지방의 지리적·사회적·역사적 조건 속에서 틀 지워진 삶의 구체성을 드러내려는 욕구와 관련된 것임을 말해 준다. 그가 국경지방을 무대로 살아가는 사람들의 모습을 그리고자 할 때 작품에서 서사적 요소가 강화되는 것은 거의 자동적이었다고 해도 좋을 정도이다.

　하지만 작품을 지배하고 있는 정조는, 『국경의 밤』이나 『승천하는 청춘』의 그것과는 상당히 다르다. 즉, 그의 서사시들에서는 주인공들이 겪는 고통 그 자체보다도 그것을 이겨내려는 의지와 고통을 강제하는 현실을 변혁하려는 열정이 강조되는 데 비해, 이 시들에서는 화자(또는 주인공)가 겪는 고통과 절망감 그 자체에 초점이 맞춰지는 경우가 많은 것이다. 따라서 이 시들이 서사적인 성격을 지니고 있으면서도 그 서사적인 성격을 본격적으로 전개시켜 나가지 못하는 이유는 바로 현실에 대한 주인공의 태도―그것은 김동환의 현실에 대한 태도와 동일한 것이라고 할 수 있다―에서 찾아야 할 것이다.『국경의 밤』이나『승천하는 청춘』처럼 현실의 압력을 헤쳐나가려는 주인공의 의지가 강조될 경우 현실과 주인공의 대립과 갈등에 초점이 맞추어짐으로써 서사의 발전이 불가피했던 반면, 이 시들에서처럼 현실에서의 패배에 집착하여 절망에 사로잡힌 주인공(화자)의 내면에 초점을 맞출 경우는 서사 자체가 아예 불가능했던 것이다.

 이런 서사의 파탄은 현실에 대한 막연한 반항의식이나 부정적인 태도와도 무관하지 않아 보인다. 시인이 현실 일체를 모두 악한 것, 또는 타락한 것으로 부정해 버리는 동시에 대안적 세계에 대한 모색을 포기해 버리는 경우, 현실 자체의 구조와 작동 원리에 탐색이 불가능해진다고 할 수 있기 때문이다. 이런 경우 서사는 더 이상 불가능해지고 현실의 부정적인 측면을 폭로하는 시인의 주관적인 단언과 격정이 작품을 지배하는 결과를 낳게 된다. 작품을 통해 현실 자체의 모습을 보여 주는 대신, 현실을 단죄하는 시인의 격앙된 목소리만이 작품의 전면에 나서게 되는 것이다.

〈배천가(背天歌)〉(『동광』, 1927. 3) 같은 작품이 그런 예에 해당되는데, 김동환은 이 작품에서 낡은 현실에 대한 막연한 반감과 부정적인 의식을 토로한다. 즉, 그는 '썩은 인류, 낡은 세상'을 거부하고 '세계의 심장'을 찾아가자고 부르짖는 것이다. 하지만 이 시에서 '썩은 인류, 낡은 세상'이란 판단은 현실에 근거하지 않은 시인의 주관적인 단언에 불과하다. 또 그가 제시한 '세계의 심장'이 의미하는 바 또한 대단히 불분명하다. 시의 문맥으로 미루어 보건대, 김동환이 지향하는 '세계의 심장'이란 부패하고 타락한 현실 너머에 있는 유토피아를 가리키는 것이라고 할 수 있지만 작품 자체의 구조로부터 그 구체적인 모습을 연역해낼 수는 없다.

이와 비슷한 태도는 1920년대 말의 작품에서 두드러지게 나타나는데,〈역천자의 노래〉〈손톱으로 새긴 노래〉(이상『삼인시가집』, 1929) 같은 작품이 대표적이다. 이 시들이 강조하고 있는 것은 젊은이들의 정열과 이상을 용납하지 않는 조선 현실에 대한 울분이다. 하지만 작품 속에서 그런 조선 현실을 객관화하려는 노력은 발견되지 않는다. 또 주인공들은 현실로부터 격리된 공간에 유폐되어 있으며 따라서 주인공들이 현실에 맞서 대결하는 모습은 찾을 수 없다. 작품 속에서 강조되는 것은 단지 엄청난 피해의식에 사로잡힌 격앙된 화자의 목소리와 식민지 조선 현실에 대한 일방적인 단죄와 고발뿐이다.

이런 상황에서 자조와 위악은 그 자신의 무기력과 절망을 은폐하는 좋은 수단일 수 있었다. 가령 "자, 가자 어서, 어서

신부의 방으로/내가 조선에 바칠 오직 한낱 선물이 기다리고 있지 않느냐/이 몸이 없어진 뒤 뒤를 이을 한 개의 빨간 생명이"라고 울부짖는 〈첫날밤〉(『조선문단』, 1927. 1) 같은 시가 보여 주는 것이 바로 그것이다. 이 시가 보여 주는 것은 결국 현실의 벽 앞에서 좌절한 젊은이의 자조적이고 냉소적인 태도다. 하지만 여기서는 현실 앞에서 스스로를 욕보임으로써 현실을 야유하려는 시인의 의도만이 두드러지게 나타날 뿐, 정작 화자를 절망하도록 만든 현실의 구조에 대한 관심은 소멸되고 만다. 이런 위악과 절망의 포즈는 결국 현실에 대한 절망, 더 이상 어떤 종류의 변혁도 기대할 수 없는 데서 비롯된 것이라고 할 수 있다.

하지만 그것은 동시에 두 가지 상반된 가능성을 내장하고 있는 것이라는 점에서 조심스럽게 살펴볼 필요가 있다. 첫째로 이 위악과 절망의 포즈는 현실에 대한 극단적인 반감에 기반을 둔 것이라는 점에서 급진주의로 기울어질 수 있는 가능성을 내포하고 있었다. 김동환만이 아니라 많은 지식인들이 쉽게 마르크스주의에 기울었던 것은 바로 이런 맥락에서였다. 또 다른 한편으로 이 위악과 절망의 포즈는 현실로 귀환하고자 하는 은밀한 열망을 내포한 것이기도 했다. 왜냐하면 자기 자신을 욕보임으로써 결과적으로는 자기 앞에 있는 현실을 욕보이는 위악은, 결과적으로 자신을 부정적인 현실과 공범 관계로 만드는 것이기 때문이다. 따라서 서사적인 성격이 점차 약화되면서 김동환의 시에서 자주 나타나는 위악과 절망의 포즈는 급진주의로의 경사와 현실로의 귀환이라는 모순적인 가능성을 동시에 내포한 것이었다고 할 수 있다.

### (4) 급진주의로의 경사와 민요의 발견

#### 1) 급진주의로의 경사

김동환이 지니고 있던 현실에 대한 불만과 막연한 반항의식은 현실의 모순을 이론적으로 명쾌하게 해석하고 변혁을 위한 실천적 방법론을 제시한 마르크스주의와의 조우를 통해서 좀더 분명하고 강렬한 변혁의지로 이어졌다. 열악한 식민지 현실에 대한 인식이 현실의 모순을 극복할 수 있는 대안적 이론에 대한 관심을 일깨운 것은 당시의 일반적인 경향이었거니와 김동환도 이런 경향으로부터 자유로울 수는 없었던 것이다. 이 대안적 이론에 대한 모색은 상당히 다양한 스펙트럼을 지니고 있지만 그 가운데서도 가장 강력한 영향력을 발휘했던 것은 역시 마르크스주의였다. 그것은 마르크스주의 자체가 지닌 이론적 명석성 때문이기도 했지만 제정 러시아의 짜르 체제를 무너뜨린 마르크스주의의 강력한 실천적인 힘에서 기인하는 것이기도 했다.

식민지 지배체제와 봉건적인 조선 사회에 대한 겹겹의 불만에 사로잡혀 있던 젊은 지식인들이 현실 변혁의 방향과 실천의 방법만이 아니라 구체적인 성공 사례까지 보여 준 마르크스주의에 쉽게 매료된 것은 결코 이상한 일이 아니었다. 하지만 모든 지식인들이 마르크스주의를 필생의 신념으로 받아들였다고 할 수는 없다. 오히려 지식인들 가운데는 마르크스주의를 단순한 시대의 지적 유행으로 받아들인 사람도 적지 않았기 때문이다. 이런 이들을 가리켜 일본 경찰들이 '맑스 보이, 맑스 걸'이란 야유조의 호칭을 사용한 것도 이런 맥락이었거니와, 김동환 역시 '맑스 보이'에 가까운 존재였던 것으로 보인다.

그러나 대개의 관념적인 지식인들이 흔히 그렇듯이 일단 마르크스주의에 기운 김동환은 대단히 급진적이고 과격한 모습을 보여 준다. 그것은 자신의 취약한 내면과 사상적 허약성을 감추기 위한 수단일 수도 있었지만, 어쨌든 김동환은 평론을 통해서나 시를 통해서 대단히 급진적인 입장을 보여 주었다. 1927년 무렵에 발표된 그의 민요론들이 그 좋은 예이거니와, 이런 관념적 급진성은 시에서도 마찬가지로 나타났다. 가령 1920년대 후반의 신경향파 시에서 흔히 다루어진 소재인 소작쟁의를 소재로 한 〈밤불〉(『개벽』, 1926. 3에 실린 '단시 6편' 중의 1편) 같은 작품은 마르크스주의의 영향을 좀더 뚜렷하게 보여 준다.

    꺼졌다 이었다 밤불에 언들거리는 산비탈의 움집
    소작쟁의에 남편을 보내고 그리워 우는 아낙네의 눈물꽃
    저 등잔 속에 몇백의 레닌이 내왕했던가 하고 있는가?
                               —〈밤불〉 전문—

짧은 소품이지만, 이 시가 보여 주는 것은 명확한 마르크스 레닌주의적 전망이다. 이 시에서 다루어지고 있는 소작쟁의는 유적구나 김창술 같은 초기 프로시인들이 즐겨 소재로 다루었던 것으로, 1920년대 조선 농촌의 절박한 현실을 일정 부분 반영하고 있다. 식민지 지주제가 정착된 1920년대부터 조선 전역에서는 가혹한 소작 조건에 맞서 자신들의 생존권을 지키기 위한 농민들의 소작쟁의가 빈발하고 있었기 때문이다. 하지만 이 시가 이 소작쟁의의 문제를 옳게 그리고 있다고 하기는 어렵다. 왜냐하면 이 시에서 그려진 소작쟁의는 생존권 투쟁으로서의 성격이나 민족 해방운동으로서의 성격이 완전히 배제된 채 계급혁명의 전망과 곧바로 연결되고 있기 때문이다. 이 점과 관련해서 1920년대의 소작쟁의가 생존권 투쟁의 성격도 강했지만 다른 한편으로는 식민 통치의 물질적 기반인 식민지 지주제에 대한 저항이었다는 점, 따라서 반식민지 민족해방운동의 성격을 지니고 있었다는 점을 상기할 필요가 있다. 하지만 이 시에서는 이런 점이 간과되고 있다.

사실 깜빡이는 이 시에서처럼 농가의 불빛을 보고 가난하고 고단한 농민들의 삶을 떠올리거나 동화적이고 서정적인 환상에 사로잡히는 대신 '몇백의 레닌'을 연상하는 것은 지나치게 도식적일 뿐만 아니라 엄청난 비약이다. 이는 김동환이 농민들의 삶과 소작쟁의의 실상을 세밀하고 섬세하게 천착하기보다 관념적으로 선취된 이념에 기대어 농촌 현실을 재단하고 있음을 말해 준다. 일단 이념을 앞세우게 되자 현실과 삶 자체의 풍부하고 역동적인 움직임 대신 이념의 틀에 맞추어 재단된 현실이 포착되었던 것이다. 깜빡이는 농가의 불빛에서 지주와 소작인들이 첨예하게 맞서서 대결하고 있는 장면을 연상하고 장차 그 속에서 태어날 '레닌'을 예견하는 도식적인 상상력이 이를 말해 준다. 이념에 편향되는 순간 『국경의 밤』이나 『승천하는 청춘』에서 볼 수 있었던 리얼리스틱한 성취는 설 자리를 잃고 말았던 것이다.

이런 한계는 이 시기에 발표된 작품 곳곳에서 확인된다. 가령 임박한 변혁에 대한 설레는 기다림을 그린 〈최후의 일각〉(『중외일보』, 1927. 11. 15) 같은 작품도 이런 한계를 잘 보여 준다. 이 시에서 김동환이 그리고 있는 것은 "한밤중에 뒷문을 뚝뚝 두드리고 찾아와선 / 쥐도 못 듣게 두어마디 외우고는 아내 가버리는 / 먼 곳에서 온 손님"과 그가 가고 난 다음날부터 온 마을에 감도는 혁명의 분위기이다. 즉 "둥둥둥 종소리 왜 안 나나, 이제는 날 때련만 / 급한 가슴에 뒷 담장에 올라 귀를 기울이네 / 그제보니 집집마다 모든 사내들이 담장 위에 와 앉아 있네 / 정말 모두 기다리고 있구나 종소리만 둥! 나면" 같은 구절에서 볼 수 있는 것처럼 마을 전체가 결정적인 행동의 개시를 알리는 신호를 기다리고 있는 것으로 그려지는 것이다. 이처럼 아무 고민과 갈등도 없이 단 하나의 목표를 향해 직선적으로 의식이 고양되는 모습을 그린 것은 대다수 프로문학이 안고 있는 고질병이었거니와 김동환 역시 그런 도식주의의 경향에서 자유로울 수 없었던 것이다.

하지만 이런 도식성은 이념의 강박에서 벗어날 경우 어느 정도 극복되기도 한다. 가령 마르크스주의로부터 일정한 거리를 두기 시작한 뒤에 씌어진 것으로 보이는 〈손톱으로 새긴 노래〉(『조선지광』, 1929. 8)는 감옥에 갇힌 이의 절박한 심사를 그린 시로, 마르크스주의의 압도적인 영향 아래 쓰어진 시들과 같은 도식성을 보여 주지는 않는다. "벽은 말할 줄 모르고/나는 할 말을 못하고/종일 두 벙어리 마주 앉으니/죽었음인가 살았음인가"라면서 답답하고 암담한 심정을 토로하는 것으로 시작되는 이 시는 출소할 날을 기다리면서 감옥 벽에 하루하루 금을 그어 날짜를 표시하는 수인의 모습을 통해 식민지 체제 아래서 살아가는 지식인들의 심정을 그리고 있다.

물론 화자의 신원은 시에서 분명하게 밝혀지지 않는다. 따라서 그가 민족주의자인지 사회주의자인지, 아니면 단순한 잡범인지는 확실치 않다. 하지만 시의 문맥으로 미루어 볼 때 이 시의 화자는 어떤 형태로든 식민지 지배체제에 맞서다 감옥에 갇힌, 일반적인 의미의 지사(志士)라고 할 수 있다. 따라서 웅지(雄志)는 꺾이고 수족은 자유를 박탈당한 채 하루하루 감옥에서 무의미한 나날을 보내고 있는 화자의 모습에서 식민지 지배체제 아래서 일체의 자유를 빼앗긴 조선인, 특히 청년 지식인들의 일반적인 모습을 떠올리는 것은 결코 부자연스러운 일이 아니다.

이 시의 화자는 현재 감옥에 갇혀 있는 자신의 처지를 한탄하면서도 결코 실의에 빠지거나 좌절하지는 않는다. "팔 년에 그은 금이/천인가 만인가/손톱 끝이 다 무즈러졌으니/이제는 혀로나 그을까"라는 구절이 시사하듯 화자는 오랫동안 감옥에 갇혀 있었고 대단히 절박한 상황에 처해 있지만, "그러나 이 쓴 글씨 위에/꽃필 날 있겠지/그러기에 자꾸 쓰네/마른 나무에 물주는 셈 잡고서"라면서 벽에 손톱으로 금을 긋는 일을 포기하지 않는다. 이러한 진술에서 우리가 읽어낼 수 있는 것은 결국 이런 가혹한 상황 아래서도 자유에 대한 갈망과 인간적 존엄을 포기하지 않으려는 화자의 의지다. 이런 주제의식은 김동환의 행적에 비추어 보면 진실이 결여된 수사적인 것으로 간주될 수도 있다. 하지만 적어도 이 시가 단순히 마르크스주의적 교의를 번역하는 데 그쳤던 시들에 비해 성공적이라는 점은 부인할 수 없다.

이처럼 시기에 따라서, 그리고 다소 차이가 있기는 하지만 1920년대 말까지 김동환은 그 시대의 중심적인 사상 조류였던 마르크스주의와 일정한 관계를 유지하면서 이를 자신의 시에 접목시키려는 의식적인 노력을 보여 주었다. 하지만 그가 이념 쪽에 기울어질수록 그의 시는 관념적이고 도식주의적인 경향을 보여 준다. 앞에서 인용한 〈밤불〉 같은 시에서 볼 수 있듯이 변혁에 대한 변혁에 대한 주관적인 열망과 이념이 현실을 압도해 버림으로써 현실 자체가 실종되는 기현상이 나타나는 것이다.

2) 민요의 발견

1920년대 중반에 이르면 민요에 대한 시단의 관심이 크게 증가된다. 민족주의적인 성향을 지니고 있던 연구자들에 의해 민요에 대한 연구와 수집 작업이 계속되었고, 주요한이나 김안서 같은 시인들은 조선말의 아름다움과 힘을 강조하면서 민요의 율격과 정서를 바탕으로 우리 근대시의 활로를 찾아져야 한다는 주장을 제기했다. 이런 일련의 움직임은 오세영에 의해

'민요조 서정시 운동'이라고 명명된 바 있거니와, 그 핵심은 새로운 '조선시'의 형식을 이끌어낼 수 있는 원천으로 시조와 민요에 주목했다는 데 있다. 그리고 이 민요조 서정시 운동은 김소월 같은 빼어난 시인의 등장과 더불어 당시 시단의 중요한 한 흐름을 형성했다.

그러나 다른 한편으로 민요에 내재된 봉건성, 애상성을 지적하면서 민요조 서정시 운동이 복고주의 내지는 국수주의에 편향될 가능성에 대한 비판 또한 부단히 제기되었다. 이러한 비판은 주로 카프 진영에서 제기되었고, 그 가운데서도 선봉의 역할을 담당한 것은 초기 카프의 대표적인 평론가였던 팔봉 김기진이었다. 이와 함께 1920년대 중반 무렵 한때 급진주의에 기울었던 김동환 역시 민요와 민요조 서정시 운동에 대해 비판적인 입장을 취했다. 김동환은 「애국문학에 대하여 —— 국민문학과의 이동과 그 임무」(『동아일보』, 1927. 5. 12~19), 「시조배격소의」(『조선지광』, 1927. 6), 「망국적 가요 소멸책」(『조선지광』, 1927. 8), 「조선민요의 특질과 기 장래」(『조선지광』, 1929. 1) 같은 평론을 통해 전래 민요에 내재된 보수적인 입장과 애상적이고 퇴영적 태도 등을 비판하면서 계급적인 시각에서 민요를 새롭게 인식할 것과 민요시운동을 전개할 것을 주장했다.

이런 김동환의 주장은 일면 민요에 대한 비판으로 타당한 측면도 있지만, 대체로 지나치게 관념적이고 급진주의적인 것이었다고 할 수 있다. 그는 민요의 창작주체인 민중을 민속의 담지자라는 측면에서 파악하는 대신 계급적인 측면에서 파악했고 그 결과 민요가 지배계급의 수탈을 고발하고 이에 대한 민중들의 저항의지를 일깨우는 것이 되어야 한다고 생각했던 것이다. 이런 맥락에서 김동환은 상당 기간 자신의 주장에 부합하는 민요를 발굴, 소개하거나 민요를 개작하는 데 주력했다. 현실에 대한 비판적인 태도가 두드러진 민요를 소개하거나 기왕의 민요를 다소 손질하여 현실의 모순을 폭로하고 변혁의 당위성을 강조하는 이중의 전략을 구사했던 것이다.

따라서 그가 소개하거나 개작한 민요에서 이념적 색채가 두드러진 것은 필연적이었다. 특히 그는 봉건 지배계급과 피지배계급의 갈등에 초점을 맞추거나 봉건 지배계급의 폭정을 비판하는 민요들을 발굴, 소개하거나 창작했다. 그가 발굴, 소개한 민요에서는 급진적인 이념을 번역하는 데 그친 시들에서 볼 수 있는 조급성과 변혁의 당위성을 강조하는 도식성 대신 지배계급의 억압과 착취에 의해서 고통 당하는 민중들의 생활 감정을 드러내려는 경향이 좀더 강하게 나타난다. 하지만 이 점을 김동환이 관념성을 극복하고 민중들의 구체적인 생활에 주목했기 때문이라고 말하기는 어렵다. 그가 노린 것은 단지 봉건 지배계급과 민중들 사이의 계급적 갈등을 폭로하는 것이었기 때문이다. 이는 식민지 치하에서의 민족모순보다는 지배계급과 피지배계급 사이의 계급모순을 더 중시한 초기 사회주의자들의 관념성과 관련된 것이기도 하다. 따라서 이 민요들에 반영된 민중들의 집단적인 체험(주로 지배계급의 억압과 착취로 인한 고통)과 감정은 그대로 인정할 수 있지만, 그것이 식민지 지배체제에 대한 시적 저항의 전략으로 유효한 것이었는가에 대해서는 의문을 갖지 않을 수 없다.

>  밤낮 땅을 파면 금이 나오나
>  나올 것 없어도 밤낮 땅을 파네
>  후 에헤헤헤야 에헤헤헤야
>  렴 밤낮 땅 파네 밤낮 땅 파네
>
>  고대광실은 누가 지었나
>  지어준 이만 떨고 있구나
>
>  십리 긴 밭을 누가 갈았나
>  갈아준 이만 배고파하네
>
>  ―〈밤낮 땅 파네〉(《조선일보》, 1928. 1. 27)―

  민요의 형식과 율격을 그대로 차용하고 있는 이 시가 보여 주는 것은 민중들에 대한 억압과 착취가 제도로 정착된 현실에 대한 비판적 인식이다. 물론 이러한 비판적 인식은, 일단 인간의 삶을 에워싸고 있는 제도의 모순과 불합리성을 구체적으로 드러낸 것이라는 점에서 막연히 제도와 관습에 대한 반감을 표현했던 시들과는 분명히 다른 모습을 보여 준다. 그는 민요를 봉건 지배계급에게 수탈 당하는 민중들의 노래로 파악했거니와, 이러한 민요의 시각을 빌어 민중들의 희생을 강요하는 현실을 비판하려 했던 것이다. 하지만 이 민요의 비판적 시각은 '지금 여기'를 향한 것이 아니라, 소수의 지배계층에게 다수 민중에 대한 억압과 착취를 보장해 주는 제도 일반에 초점이 맞추어져 있다는 점에서 여전히 추상적이다. 새로운 지배계급으로 등장한 식민지 권력에 대한 관심은 전혀 나타나지 않고 그 대신 지배와 억압, 수탈과 착취의 보편성만이 강조되는 것이다. 이런 편향된 시각은 봉건 지배계층에 의해 억압당하고 수탈 당하는 민중들의 고통을 그린 〈경복궁 타령〉 같은 작품에서도 마찬가지로 확인된다.

> 짓는다, 짓는다, 경복궁 짓는다, 몇천년 사자구 경복궁 짓나
> 못살면 거미가 줄 안 치고 살리 랄랄라, 랄랄라, 경복궁 짓네
>
> 썩는다, 썩는다, 곡식단 썩는다. 부모처자 먹일 곡식단 썩는다
> 썩어두 백성 게라 내 모른다네, 랄랄랄, 랄랄라, 경복궁 짓네
> 사람이 못나서 백성질하나 사람이 좋아서 이 대역 치루나
> 몸에 밧는 매 돌이라도 울리라, 랄랄라, 랄랄라, 매 못 이겨 짓네
>
> ―〈경복궁 타령〉(『개벽』, 1926. 3)―

위에 인용한 〈경복궁 타령〉은 원래 대원군이 경복궁을 중수할 때 부역에 동원된 민중들이 부른 민요였다. 여기서 주목해야 할 것은, 봉건 지배계층에 의해 억압당하고 수탈 당하는 민중들의 모습을 그림으로써 지배계급과 피지배계급 사이의 모순을 부각시키려는 김동환의 의도이다. 그것은 분명 김동환이 택한 이념적 입장과 관련된 것으로, 특히 이 점은 제국주의 일본과 식민지 조선 사이의 민족모순보다 계급모순을 더 강조했던 초기 사회주의자들의 관념성과 같은 맥락에서 이해할 수 있다. 다시 말해서 김동환은 민족모순보다 계급모순을 더욱 강조했던 볼셰비즘의 영향으로부터 자유롭지 못했던 것이다. 그가 굳이 식민지 현실을 뒷전으로 미루어 두고 봉건 사회에서

의 계급모순을 강조한 민요들을 소개한 것은 단순한 시대착오가 아니었던 셈이다.

이처럼 다소 계급적으로 편향된 시각은 가령 원산을 지나면서 쓴 〈삼방과차(三防過次)〉(《조선일보》, 1929. 8. 10) 같은 짧은 시에서도 비슷하게 나타난다. 김동환이 이 시에서 보여 주는 것은 피지배계급의 염원을 배신한 지배계급에 대한 비판적인 의식이다. 외적의 침입을 막아낸 옛 임금의 공적을 인정하면서도, 그것이 백성과 국토를 지키기 위한 것이기보다 단순히 임금 자신의 지위와 부귀영화를 지키기 위한 것임을 비판하고 있는 것이다. "옛 임금 예서 세 번 막으셨다네 / 막으신 것 잘 하셨으나 / 왕위와 돈과 제 목숨부터 먼저 안 하셨나"라면서 원산 일대의 험준한 지세가 국토와 백성을 지켜낼 철옹성이 되지 못하고 단순히 지배계급의 이익을 지켜내는 수단에 머물렀음을 한탄하고 있는 것이다.

하지만 김동환의 민요에 대한 안목이 전적으로 볼셰비즘의 논리에 지배되었다고 할 수만은 없다. 식민지 지식인이라면 누구도 식민지 조선의 현실에 대해 맹목일 수 없었거니와, 김동환 또한 이념의 렌즈에 기대지 않고 날로 황폐해지고 있는 식민지 조선의 현실을 가감 없이 포착하고 있기 때문이다. 이런 입장에서 그가 소개한 민요들은 좀더 구체적으로 일본과 조선 사이의 민족모순, 그리고 식민지 지배체제로 인한 민중들의 고통을 좀더 생생하게 드러낸다. 역시 민요를 개작한 듯이 보이는 〈아리랑 고개〉(『조선지광』, 1929. 2)가 그런 예에 해당된다.

>     서울 장안엔 술집도 는다
>     불평——품은 이 느는 게지
>     아리랑 아리랑 아라리요
>     아리랑 고개를 어서 넘자
>
>     꽃이 안 폈다고 죽은 나물까
>     뿌리는 살았네 꽃피겠지
>     아리랑 아리랑 아라리요
>     아리랑 고개를 어서 넘자
>
>                     —〈아리랑 고개〉—

〈아리랑〉은 일제시대에 불려진 가장 대표적인 민요이거니와, 김동환은 당시 여러 지역에서 여러 가지 형태로 불려지던 이 민요를 부분적으로 개작하여 일제 치하에서 고통 당하는 민중들의 모습을 그리고 있다. 이런 식의 민요 개작은 이미 그의 평론에서도 예고된 바 있거니와, 여기서는 앞에서 본 민요들에서 나타나는 편향된 계급의식의 흔적을 찾을 수 없다. 오히려 〈아리랑 고개〉가 보여 주는 것은 식민지 자본주의가 본격화되면서 나타난 조선 사회의 사회경제적 변화(1연)와 그럼에도 불구하고 소진되지 않은 민족의 생명력(2연)에 대한 믿음이다.

이와 함께 〈속요집(1)〉(『조선지광』, 1929. 2)이란 제하에 실린 연작 중의 하나인 〈팔려가는 섬 색시〉는 식민지 도시의 성장과 함께 형성된 유곽에 팔려 간 섬 색시의 모습을 그린 작품으로 앞에서 인용한 〈아리랑 고개〉의 첫 연을 좀더 구체화한 것이라고 할 수 있다. 1920년대 말부터 식민지 자본주의의 발전과 함께 도시가 급속히 확대되고, 이에 따라 본격적으로 서울 변두리에 유곽이 형성된 것은 주지의 사실이거니와, 이 시는 이러한 식민지 조선 사회의 변화와 이 과정에서 희생된 가난한 민중들의 고통을 간결한 민요의 형식과 율격을 빌어 그려내고 있는 것이다.

> 아주까리 동백꽃이 하도 잘 폈기
> 저 섬 속 백성들은 잘 사나 했더니
> 오늘도 섬 색시가 서울로 가네
> 청루에 몸이 팔려 서울로 가네
>
> 다홍치마 날에 가린 저기 저 색시
> 닻 감을 때 노 저을 때 몹시도 우네
> 청루에서 동백기름 바를 때마다
> 고향의 생각에 얼마나 우나
>
> ―〈팔려가는 섬 색시〉(『조선지광』, 1929. 2) ―

3음보의 민요적 율조에 기댄 이 시가 보여 주는 것은, 식민지 자본주의 체제하에서 살아가는 민중들의 고통으로서, 아주까리 동백꽃이 무성하게 피어난 남쪽 어느 섬 마을의 아름다운 경치와 대도시의 유곽으로 팔려나간 섬 색시의 처지가 선명한 대조를 이루고 있다. 특히 이 대비는 동백꽃과 동백기름의 매개를 거침으로써 더욱 선명한 것이 된다. 동백꽃은 봄마다 섬 색시의 고향마을을 아름답게 수놓는 꽃이다. 하지만 섬 색시를 포함한 섬사람들은 결코 이 동백을 먼발치에서나 바라

볼 수 있을 뿐 그 아름다움을 향유하는 주인이 될 수는 없다. 당장의 생활이 더 급하기 때문이다. 마찬가지로 섬 색시는 섬에 사는 동안에는 동백꽃의 아름다움을 감상할 여유는 말할 것도 없고 동백기름으로 머리단장을 할 엄두도 내지 못했음에 틀림이 없다. 그녀가 동백기름으로 머리단장을 할 수 있게 된 것은 청루에 팔려가 창기가 된 다음의 일이었다.

하지만 이 머리단장은 사랑하는 사람을 위한 것이 아니라 단지 자신의 상품가치를 높이기 위한 것에 지나지 않기에 비극적이다. 따라서 이 시에서 동백기름은 섬 색시의 향수를 자극할 뿐만 아니라 그녀가 가혹한 식민지 지배체제가 낳은 희생자임을 확인케 하는 매개체라고 할 수 있다. 이 시의 화자는 이런 애절한 사연을 담담하게 진술하고 있다. 물론 시의 화자는 첫 연 말미에서 반복해서 "서울로 가네"라고 진술함으로써 청루에 팔려 가는 섬 색시에 대한 안타까운 심정과 그에 대한 연민을 드러내고, 두 번째 연 마지막 행에서 "고향의 생각에 얼마나 우나"라고 탄식하기도 하지만, 가능하면 작중 상황에의 개입을 자제하려는 태도를 역력하게 보여 준다. 그래서 독자는, 화자의 주관적인 단언에 의해서가 아니라 작중 상황을 상상적으로 재구성함으로써 그 비극성을 인지할 수 있게 된다. 독자들은 한낱 매춘부가 되어서야 제 고향 땅에서 난 동백기름으로 몸단장을 할 수 있게 된, 그러나 그 몸단장조차 사랑하는 사람에게 보이기 위해서가 아니라 단지 상품 가치를 높이기 위해서 해야 하는 섬 색시의 처지를 통해서 그녀를 옭아매고 있는 식민지 자본주의 체제라는 거대한 그물의 존재를 인식할 수 있게 되는 것이다.

  이 밖에 〈우리 오빠〉 같은 시는 굳이 민요를 개작했다고 하기는 어렵지만, 비교적 깔끔한 시적 성취를 보여 주고 있어 주목되는 작품이다. 이 작품은, 일제에 맞서 싸우다가 희생당한 오빠를 그리워하는 소녀의 입을 빌어 식민지 사회에 만연된 정치·사회적 폭력의 실상을 효과적으로 그려내고 있기 때문이다. 이 시에서 시인은 자신의 감정을 엄격하게 절제하고 주관적인 개입을 자제하면서 간결하고 정확한 언어로 식민지 치하에서 살아가는 젊은이들의 모습을 그려냄으로써 적지 않은 감동을 전해 준다. 이 시에서 언급되고 있는 '오빠'의 삶은 상세하고 구체적으로 그려지는 대신 어린 누이의 입을 통해 지극히 간략하게 언급될 뿐이다. 하지만 이런 간결한 언급을 통해서 더 풍부한 암시와 정서적 울림을 전해 준다는 점에서 이 시는 성공적인 작품으로 손꼽을 만하다.

> 우리 오빠는 서울로 공부 갔네
> 첫해에는 편지 한 장
> 둘째 해엔 때묻은 옷 한 벌
> 셋째 해엔 부세 한 장 왔네.
>
> 우리 오빠는 서울 가서
> 한해는 공부,
> 한해는 징역,
> 그리고는 무덤에 갔다오.
>               — 〈우리 오빠〉 전문(『3인시가집』, 1929) —

여기서 '오빠'가 구체적으로 무슨 일을 어떻게 했는지는 물론 밝혀지지 않는다. 그러나 "한 해는 공부,/ 한해는 징역,/그리고는 무덤에 갔다오" 같은 구절은, 1920년대 초기의 젊은 지식인들이 겪은 보편적인 고뇌와 결단과 고통을 함축적으로 보여준다고 할 수 있다. 공부하러 서울로 유학한 첫 번째 이유는 물론 그 자신의 성취 욕구나 집안의 기대 같은 개인적인 것일 수 있었다. 하지만 유학을 통해 의식이 각성되고 조선 현실을 폭넓게 바라보기 시작하면서 지식인으로서의 공적 의무를 자각하게 되고 결국 식민지 상황을 타개하기 위해 몸부림치다가 감옥에 갇히거나 끝내 죽음에 이르게 되는 것은, 당시로서는 그다지 드문 일이 아니었다. 그런 점에서 이 시는 1920년대 초나 중반 식민지 조선의 지식인들이 겪은 고뇌와 결단, 그리고 고난의 삶을 압축적으로 보여 주는 수작이라고 할 수 있다.

하지만 이 시가 성공적일 수 있는 것은, 단순히 그런 내용 때문만이 아니라 이 시의 독특한 진술방식 때문이라고 할 수도 있다. 시의 화자로 설정된 누이는 아직 세상 물정을 모르는 어린아이이다. 따라서 시의 화자는 오빠의 삶과 죽음에 내포된 비극적 의미를 전혀 이해하지 못한 채 담담하고 아무렇지도 않은 어조로 오빠의 이야기를 진술하고 있다. 이는 김동환이 자신의 입장을 내세워 화자의 진술 과정에 개입하는 대신 시적 화자와 적절하게 비판적인 거리를 유지하고 있음을 의미한다. 그 결과 화자의 담담한 어조와 화자가 진술하는 오빠의 비극적인 삶 사이에서 아이러닉한 거리가 발생하게 되고 고도의 시적 긴장이 야기되는 것이다. 그런 점에서 이 시는 별다른 근거도 없이 단지 노동운동을 하다가 감옥에 끌려갔다는 이유 하나만으로 자신의 오빠를 영웅시하는 누이의 사춘기적 감상을 드러낸 임화의 〈우리 오빠와 화로〉에 비해서 오히려 더 성공적이라고 할 수 있다.

  이상에서 볼 수 있는 것처럼 민요에 대한 김동환의 관심은 분명 카프와의 관련 속에서 촉발된 것이었다. 하지만 민요에 대한 관심과 민요.개작의 경험은 김동환의 시에 적지 않게 긍정적인 영향을 미쳤다고 보인다. 특히 민요를 통해서 그는 지나치게 서술적이어서 음악적 율조가 부족했고 시적 응축의 힘이 결여되었던 서사시의 문제점을 극복할 수 있는 가능성을 발견했던 것이다. 앞에서 살펴본 〈팔려가는 섬 색시〉나 〈우리 오빠〉 같은 시가 그 좋은 보기라고 할 수 있다. 그러나 김동환이 민요의 긍정적인 측면만을 받아들인 것은 아니었다. 오히려 1930년대 이후의 시에서 볼 수 있는 것처럼 김동환은 민요의 애상적이고 퇴영적인 정조에 빠진 채 헤어나지 못하게 되기 때문이다.

# 5

# 현실에의 안주와 민요조 서정시

— 1930년대의 시 —

(1) 소박한 민족주의 이념과 민요조 서정시

　김동환이 1920년대 중반에 창작한 민요조 서정시들이 반드시 그 자신이 표방한 이론적 입장을 따랐다고 볼 수만은 없다. 앞에서 본 것처럼 부분적으로 자신의 주장과 부합하는 작품들을 쓰기도 했지만, 그가 1920년대에 발표한 민요조 서정시들 가운데는 계급의식의 자취를 거의 찾을 수 없는 순수한 민요조 서정시도 적지 않기 때문이다. 그리고 1930년대로 넘어가면서 김동환이 주로 발표한 것은 남녀간의 연정을 소재로 한 가벼운 소품이나 기행의 경험을 토대로 한 회고조의 민요조 서정시들이었다. 따라서 이 시기에 발표된 민요조 서정시들 가운데서 굳이 문학사적 의미를 부여할 만한 작품을 찾는 것은 대단히 어려운 일이다.
　물론 김동환의 민요조 서정시가 모두 남녀간의 연정을 소재로 했던 것은 아니다. 그의 민요조 서정시 가운데는 사춘기 남녀의 연정을 읊은 시도 많지만 그에 못지 않게 국토와 역사 및 풍습에 대한 애정과 관심을 표현한 작품도 많다. 이런 경향은 1920년대 말에 발표한 작품들 가운데서 자주 발견되는데, 가령 ≪조선일보≫에 연재된 〈산천의 향기〉(1927. 9. 20 ~ 10. 10) 같은 시를 예로 들 수 있다. 이 시는 일종의 기행시로, 국토에 대한 애정과 역사의식을 고취시키기 위해 쓰어진 작품이다. 이 시에서 다루고 있는 소재는 선죽교, 무열왕릉, 반월성 등으로 이는 비슷한 시기에 국민문학파의 시인이나 수필가들이 국토나 문화유산을 예찬하는 수필들(예컨대 최남선의 〈백두산근참기〉 등)을 발표함으로써 애국심을 고취시키고 민족적 자긍심을 불러일으키려고 한 것과 같은 맥락에서 이해할 수 있다. 김동환은, 국민문학파의 민족주의에 대해 극도로 부정적이었던 처음의 입장과는 달리 이내 국민문학파의 '복고적 민족주의'에 기울었던 것이다.

또 이러한 민족주의적 입장에서 쓰어진 시들 가운데는 다음에서 볼 수 있는 것처럼 조선인들의 민족의식과 애국심을 고취시키려는 노골적인 의도를 드러낸 작품들도 적지 않았다. 민요를 개작한 다음 작품은 1920년대 말 김동환의 사상적 입장과 지향이 어떠한 것이었는지를 말해 준다. 평안북도 영변 지방에서 불려지는 민요를 개작한 〈약산동대가〉는 향토에 대한 애정과 애국심을 고취시키려는 시인의 창작의도를 분명하게 보여 준다. 일찍이 자신의 평론에서 주장한 대로 그는 전래 민요를 개작하여 원래 민요가 갖고 있는 애상적이고 퇴영적인 성격을 극복하려 했던 것이다. 하지만 그가 이 민요에 담으려고 한 것은 사회주의 이념이 아니라 국민문학파류의 민족주의 이념이었다.

> 봄이면 와자작 피었다가 가을이면 뚝뚝뚝 떨어진다
> 영변의 약산 동대에 피는 꽃은 하루 살아도 빛 있게 사네
> 여보아라 동포들아 이 모양으로 몇백 년 사단 말가
> 아서라 아서라 단 사흘이라도 제 세상서 살고 싶네
>
> 서으로 서으로 삼천리 가다가 뚝 끊어진 곳
> 약산이라 동대에 빨간 진달래 피었으니
> 동무야 꽃 보고 맹세해라 하늘 바라 다짐해라
> 우리도 널과 같이 제 강산서 하루라도 웃고 산다고
> ―〈약산동대가〉(《조선일보》, 1927. 10. 28) ―

김소월의 〈진달래꽃〉에도 등장하는 약산 동대는 진달래꽃으로 유명한 곳으로, 김동환이 이런 향토적인 소재를 선택한 이유는 명백하다. 또 이 시가 의도하는 바 역시 "이 모양으로 몇백 년 사단 말가"라고 묻는 첫 연 3행에서부터 명백하게 드러난다. 이처럼 시인의 의도를 노골적이고 직접적으로 드러내는 방식은, 이 시의 중심 소재인 '진달래꽃'을 통해서도 확인된다. 이 시에서 등장하는 진달래꽃은 어떤 심미적 대상이 아니라 일종의 알레고리, 즉 시인이 독자에게 전달하고자 하는 정치적 메시지를 전달하는 도구에 불과하다. 진달래꽃의 '붉은 색'은 조국에 대한 불타는 애정이라는 정치적 의미를 대신하는 데 지나지 않고, "봄이면 와자작 피었다가 가을이면 뚝뚝뚝" 떨어지는 진달래꽃의 생태 또한 전혀 심미적인 가치와는 상관없이

단순하게 민족의 단합, 또는 단결이라는 정치적인 함의만을 드러내고 있는 것이다.

결국 이 시는 시인의 명백한 의도에도 불구하고 시로서는 그다지 성공적이라고 하기 어렵다. 또 제목에서부터 민요를 개작한 것임을 강조하고 있고 외적인 형태 면에서 민요와 흡사한 모습을 보여 주기는 하지만, 이 작품은 원래 민요와의 상사성을 인정하기 어려울 정도로 심하게 변형된 것이어서 개작이라고 하기도 어렵다. 정치적 메시지를 전달하려는 시인의 의도가 지나치게 앞선 나머지 민요가 가진 고유한 특성들을 제대로 살려내지 못하고 있기 때문이다. 이렇게 보면 민요에 일정한 이념적 입장을 투영시킴으로써 전래 민요가 가진 퇴영성과 애상성을 극복해야 한다는 김동환의 민요 개작론은 단지 수사적인 것에 지나지 않았다고 할 수 있다. 김동환의 이념적 입장이 사회주의에 기울어 있든, 민족주의에 기울어 있든 그가 어떤 정치적 메시지를 담아내려고 하는 순간 그의 민요시는 경직성과 도식성의 나락에 떨어지고 말았던 것이다.

물론 1920년대 말까지 민요에 일정한 정치적 메시지를 담으려는 노력은 계속되었다. 앞에서 이미 살펴본 〈밤낮 땅 파네〉, 〈아리랑 고개〉, 〈팔려가는 섬 색시〉 등 '속요'라고 이름 붙인 민요시들이나 〈지재조선(志在朝鮮)〉(《조선일보》, 1928. 11. 1) 같은 시들은 그 나름대로 비판적인 현실인식과 민족의식을 반영하고 있다. 하지만 정확하게 말해서 이런 경향은, 김동환이 갖고 있던 진보적인 의식의 마지막 잔영(殘影)이라고 하는 것이 옳을 것이다. 실제로 이 시기에는 이런 시들과 함께 탈정치적이고 애상적인 서정시들도 다수 발표되기 때문이다. 그것은 이 시기의 김동환이 점차 급진적 개혁주의에서 벗어나 온건하고 타협적인 민족주의로 전환하는 시기였기 때문이다.

하지만 이처럼 의식적인 면에서는 급진적인 태도를 취하면서도 실제 창작에서는 탈정치적이고 서정적인 작품을 발표하는 혼란스러운 양상은 비단 김동환에게서만 나타나는 현상은 아니었다. 가령 초기 프로시인 중에서 대표적인 인물인 유적구의 경우도 그 자신이 표방한 계급주의적 입장과는 거리가 먼 감상적인 작품을 다수 발표한 바 있거니와, 이는 이 시기 시인들의 의식과 실제 삶 사이에 상당한 괴리가 있었음을 말해 주는 증거라고 할 수 있다. 특히 김동환은 1928년 4월 무렵 ≪조선일보≫에 유적구, 심훈과 함께 〈춘영집〉이란 제하에 시를 발표하기도 했고, 유적구, 김여수(박팔양)와 함께 〈봄의 서울밤〉(≪조선일보≫, 1928. 4. 12)이란 제목으로 시를 발표하기도 했다. 이런 사실들은, 김동환을 비롯한 다수 시인들의 사상적 입장이 다소 불투명한 상태에 있었음을 말해 준다. 앞에서 거론한 〈춘영집〉이나 〈봄의 서울밤〉 같은 작품들은, 계급문학에 동조적인 이들로서는 용납하기 어려울 정도로 감상적인 내용의 시들이기 때문이다.

이렇게 보면 김동환의 현실순응주의적인 모습이 1930년대부터라는 평가는 다소 사실과 다른 점이 있다. 현실에 대한 타협적인 태도는 이미 그 이전부터도 실제 생활에서만이 아니라 시에서도 은연중 나타나고 있었기 때문이다. 앞에서 거론한 감상적인 민요조 서정시들이 그 증거라고 할 수 있을 텐데, 주로 남녀간의 애정의 갈등을 다룬 1930년대의 민요조 서정시들은 그 연장선상에 있는 것이라고 할 수 있다. 결국 사회주의자로서 민요에 대해 관심을 가지기 시작했던 김동환은 일시적으로 비타협적인 민족주의의 입장에서 민요를 개작하기도 하지만, 결국에는 온건하고 타협적인 민족주의의 관점에서 민요조 서정시를 쓰는 길로 나아가게 되는 것이다. 이 과정은 근대의 실현이라는 애초의 과제를 포기하고 민족 정서라는 미묘하고 확인하기 어려운 환상 속으로 퇴행해 가는 과정이었다고 할 수 있다.

(2) 애정의 갈등을 다룬 소품들

김동환이 평론에서 표방한 급진적인 태도와 실제 작품 사이의 거리는 가령 그의 대표작 중의 하나로 손꼽히는 〈웃은 죄〉(1927) 같은 민요조 서정시에서도 확인된다. 이 시는, 낯선 길손에게 은근히 추파를 던지면서도 뜻하지 않은 소문을 걱정하는 소박한 시골 처녀의 야릇한 심사를 그린 것으로 여기서 그가 표방한 급진적인 태도는 전혀 찾을 길이 없다. 이 시가 보여 주는 것은, 수줍지만 그렇다고 해서 순진하지만은 않은 시골처녀의 내면일 따름이다. 그녀는 우물가에서 우연히 만난 낯선 길손에게 물을 떠주면서 은근히 추파를 던지지만, 혹시라도 동네 사람들의 눈에 띄어 구설수에 오를까 두려워한다. 하지만 그러면서도 한편으로는 미리부터 자신의 행동을 정당화하고 변호할 수 있는 논리를 마련하는 앙큼한 모습을 보여 주기도 한다. 그러므로 '웃은 죄'라는 형용모순은 낯선 길손에게 추파를 던졌음을 자인하면서도 동시에 추문에 휩싸일 만한 구체적인 행위는 없었음을 내세워 자신의 무죄를 주장하는 처녀의 깜찍한 심사를 표현한 것이라 할 수 있다.

>    지름길 묻길래 대답했지요,
>    물 한 모금 달라기에 샘물 떠주고,
>    그러고는 인사하기 웃고 받았지요,
>
>    평양성에 해 안 뜬대두
>    난 모르오.
>
>    웃은 죄밖에
>                    ―〈웃은 죄〉(『조선문단』, 1927. 1)―

깔끔하고 군더더기 없는 이 짧은 서정시에서 우리는, 인간의 본능적 충동과 제도나 관습 사이의 대립과 갈등이라는 김동환이 일찍이 서사시에서 보여 주었던 주제의식이 극도로 축소된 형태로 재현되는 것을 볼 수 있다. 이 시는 이성에 대한 본능적인 호기심과 관심이, 이를 허용하지 않는 관습이나 제도와 갈등을 일으키는 모습―물론 이 갈등은 『국경의 밤』이나 『승천하는 청춘』의 그것에 비하면 아주 사소한 것에 지나지 않는다―을 그리고 있는 것이다. 이 시의 화자인 처녀는 남녀 사이의 자유로운 교제를 허용하지 않는 제도나 관습의 무게를 실감하면서도 은근히 그것의 감시와 통제를 넘어서려는, 다시 말해서 금기를 의식하면서도 이를 슬쩍 위반하는 대담하면서도 앙큼스러운 모습을 보여 준다. 낯선 길손에게 던지는 추파가 그것이다.

 물론 여기서 사회적 금기에 대한 위반은 그리 심각한 것은 아니며, 그에 대한 징벌이나 사회적 제재 또한 심각한 것은 아니다. 그것은 기껏해야 '아무개네 집 딸이 낯선 길손에게 어찌어찌했다'는 정도의 가벼운 입방아에 지나지 않을 것이기 때문이다. 하지만 처녀는, 이런 동네 사람들의 입방아에 대해 자신에게는 "웃은 죄"밖에 없다고 항변을 함으로써 자신의 행동을 정당화하고 있다. 그런 점에서 이 시는 초기 김동환의 주제의식, 청춘의 정열과 이를 억압하는 제도와 관습 사이의 갈등이라는 주제의식을 대단히 약화된 모습으로 이어받고 있다고 할 수 있다. 개인의 본능과 열정, 그리고 이를 억압하는 제도와 관습 사이의 대결은 여전히 존재하지만, 그것은 심각하고 적대적인 관계에 있기보다 차라리 가볍고 친화적인 관계를 유지하고 있기 때문이다. 동네 사람들의 입초시에 오르내리는 가벼운 입방아와 이에 대한 앙증맞은 항변은, 주인공들의 실종이나 파멸을 초래한 『국경의 밤』이나 『승천하는 청춘』의 갈등과는 분명하게 다른 것이다.

 이렇게 보면 김동환이 민요조 서정시에 안착하게 되는 것은, 끝없이 현실과의 대결을 요구하는 서사의 긴장을 견뎌내기 어려웠기 때문이라는 앞서의 분석이 타당한 것임을 다시금 확인할 수 있다. 김동환은 이미 1920년대 말부터 서서히 현실과의 대결하려는 자세를 누그러뜨려 왔고, 급기야는 현실에 대한 절망을 자조와 자학과 위악으로 표현하는 데까지 이르렀다. 이 지점에서 그의 시에서는 서사적 성격은 완전히 추방되었고, 현실과 맞서려는 의지도 거의 소멸되었다고 할 수 있다. 따라서 그 이후 그의 시가 현실에 대한 긍정을 바탕으로 남녀 사이의 애정의 갈등 같은 서정시로 선회하는 것은 불가피했다고 할 수 있다. 실제로 앞에서 인용한 〈웃은 죄〉 이후로 김동환은 점차 제도나 관습과 개인의 본능 사이에 빚어지는 심각하고 본격적인 갈등을 그리는 대신 사소한 남녀간의 애정의 갈등이나 연정을 그린 시들을 쓰는 길로 나아가게 되고 1930년대에 이르게 되면 아예 소품(小品) 수준의 감상적인 연시를 쓰는 것으로 자족하게 되는 것이다.

남녀간의 애정 갈등에 초점을 맞춘 김동환의 민요조 서정시는, 주로 막 이성에 눈뜨는 사춘기의 남녀들의 내면을 그리는 데 초점을 맞추고 있는 듯이 보인다. 이는, 사춘기가 개인의 본능적 충동과 제도나 관습이 마찰을 일으키는 첫 시기라는 점, 그럼에도 불구하고 아직 그 갈등의 정도가 심각하게 발전되기 이전이라는 점과 관련된다. 이 시기는 금기에 대한 위반이 잦은 시기이긴 하지만 그 위반의 내용 자체가 치명적이기보다는 사소한 것이기 십상이고, 따라서 그에 대한 징벌 또한 상대적으로 가벼울 수 있기 때문이다. 그런 의미에서 1930년대에 발표된 김동환의 민요조 서정시는 가벼운 소품 연애시의 범주에 속한다고 할 수 있다. 그리고 여기서 그려지는 남녀간의 사랑은 『국경의 밤』이나 『승천하는 청춘』처럼 한 사람의 일생을 건 모험이 아니라, 가볍고도 미묘한 감정의 파장에 지나지 않는다.

다음에 인용하는 두 편의 시도 그런 맥락에서 이해할 수 있는 작품이다.

>  천년묵은 안압지에도 돌 던지니
>  출렁하고 대답 있데나,
>  겨우 열여덟, 이 기집애야
>  늬는 귀도 없나, 입도 없나.
>  ─〈귀도 없나, 입도 없나〉(『삼천리』, 1935. 12)─

>  아이, 어쩌면 이리도 뜬소문이 돌까,
>  이 거리는 좁기도 하이.
>
>  행길서 만나선 일부러
>  못 본 체 머리 돌렸고,
>  남이 듣는 데선 "그 기집애
>  꺼떡대더라" 욕도 퍼부었고.
>
>  아이, 어쩌면 이리도 뜬소문이 돌까,
>  이 거리는 좁기도 하지.
>
>  봉사 꽃 물들인 손이 하도 이뻐서
>  두 손 모아 쥐고 한바탕 빙빙 돌았고,
>  그러고는 이내 고이고이 놓아 보냈는데,
>  달도 안 뜬 밤, 누가 보았을까─
>  ─〈뜬소문〉(『여성』, 1940. 10)─

위에 인용한 두 편의 시가 보여 주는 것은, 사춘기 소년의 가슴 속에서 일고 있는 가볍고 미묘한 감정의 파동이다. 앞의 시는 자신의 구애에 대해 일체 반응을 보이지 않는 처녀에게 야속한 심정을 토로하는 청년의 심정을 그린 시로 '천년 묵은 안압지 / 돌'의 대비를 통해 '낡고 고루한 관습이나 윤리 / 생신(生新)한 젊음, 혹은 본능'을 대조시키는 발랄한 시적 상상력이 돋보인다. 여기서 청년이 안압지에 던진 돌은 이성간의 교제를 허용치 않는 관습과 윤리에 대한 도전이자, 더 정확하게 말하자면 사랑하는 여인을 옭아매고 있는 고루한 윤리의 금제를 깨뜨리기 위한 행동이고 안압지에 이는 파문은 결국 여인의 내면에서 이는 욕망의 물결로 해석할 수 있다. 제도와 관습, 혹은 윤리의 억압과 금제를 뛰어넘고자 하는 열망과 그 좌절을 그리려는 김동환의 주제의식은 이 시에서도 여전히 되풀이되고 있는 것이다.

뒤의 시에 등장하는 소년(화자)은, 그 나름대로 사춘기의 남녀 교제를 엄격히 금하는 사회적 금기의 존재를 의식하고 있다. 그러기에 자기가 좋아하는 처녀임에도 불구하고 남들이 보는 데서는 모르는 체하기도 하고, 때로는 상대를 은근히 비방하는 체 하기도 한다. 그러나 이 소년이 금기 속에 안주하고 있는 것만은 아니다. 때때로 그는 남들의 눈을 피해 금기를 살짝 위반하기도 하는 것이다. 물론 그가 위반한 금기의 내용은 심각한 것이 아니라 입가에 가벼운 웃음을 머금게 할 정도에 지나지 않는다. 그는 기껏해야 달도 안 뜬 밤에 처녀의 "봉사꽃 물들인 손이 하도 이뻐서 / 두 손 모아 쥐고 한바탕 빙빙 돌았을" 뿐인 것이다. 따라서 '뜬소문'은 〈웃은 죄〉에서와 마찬가지로 이런 가벼운 금기 위반에 대해서 가해지는 일종의

1932년 왼쪽부터 이광수, 이선희, 모윤숙, 최정희, 김동환
소설 〈흙〉을 동아일보에 연재하다

징벌이라고 할 수 있지만, 그것 역시 심각한 것은 아니다.
 제도나 관습의 제약 때문이든, 아니면 상대방의 무관심 때문이든 김동환의 민요조 서정시에서 남녀간의 연정은 쉽사리 성취되지 않는 것으로 그려진다. 이 경우 사랑하는 두 사람 사이의 감정의 갈등과 파문은 불가피하거니와 김동환은 이처럼 서로 엇갈리는 남녀의 미묘한 심정을 간결하고 정확한 언어로 그려내는 데서 상당한 솜씨를 발휘했다. 하지만 그것은 그야말로 소품에 지나지 않는 것이 대부분이었다. 1930년대의 김동환은 인간의 본능과 이를 억압하는 제도나 관습 사이의 대립과 갈등이라는 비교적 심각하고 무거운 주제를 포기하고 남녀간의 감정적 갈등 그 자체를 그리는 데 주력한 것이다. 따라서

1930년대 김동환의 시에서 현실에 대한 치열한 관심이나 새로운 장르를 개척하겠다는 패기와 야심, 자신이 표현하고자 하는 내용을 최대한으로 실현할 수 있는 언어와 형식을 창안해내려는 시인적 열망 같은 것을 찾아보기는 어렵고 다만, 기왕의 명성에 기대어 가벼운 소품만을 양산하는 직업적 문필가의 모습만을 발견할 수 있을 뿐이다.

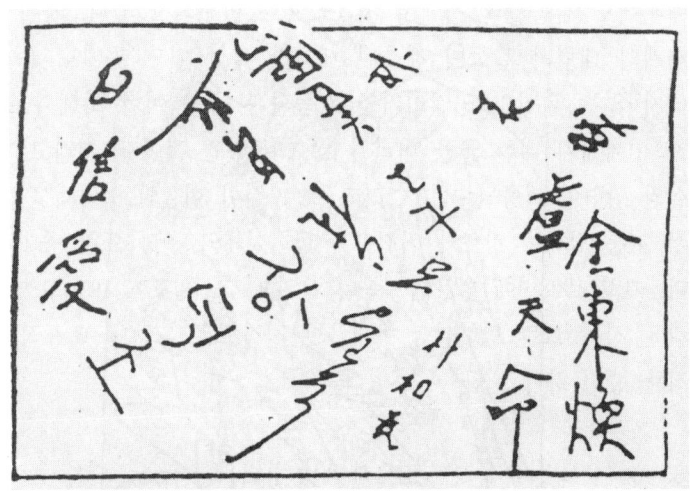

1936년 1월 13일 『삼천리』 여류작가좌담회

5. 현실에의 안주와 민요조 서정시

### (3) 거짓 유토피아에의 갈망

　이상과 현실의 부조화에서 오는 대립과 갈등이 심각해질수록 김동환의 시에서는 현실에서 탈주하고자 하는 은밀한 욕망이 표출된다. 이런 탈현실의 내밀한 욕망은 일찍이 사랑 때문에 고통 당하던 남녀 주인공이 승천의 환상에 사로잡히는 것으로 마무리되는 『승천하는 청춘』에서도 나타난 바 있지만, 그 이후에도 김동환의 시에서 지속적으로 변주되고 있다. 자아와 세계의 대립과 갈등이 해소된 세계란 실상 어느 곳에도 존재하지 않는 환상의 공간이지만 김동환은 줄곧 이런 화해와 조화의 세계에 대한 꿈을 버리지 않고 있었던 것이다. 그리고 현실의 압력이 가중될수록, 그리고 그 자신이 현실의 압력에 의해서 고통 당하는 강도가 커질수록 탈현실에의 욕망 또한 증대된다. 가령 1928년에 발표된 〈봄이 오면〉(《조선일보》, 1928. 1. 10) 같은 시는 그런 탈현실의 욕망을 본격적으로 드러낸 대표적인 작품 중의 하나로 꼽을 수 있다.

　　　　봄이 오면 산에 들에 진달래 피네
　　　　진달래꽃 피는 곳에 내 맘도 피네
　　　　건너 마을 젊은 처자 꽃 따러 오거든
　　　　꽃만 말고 이 마음도 함께 따 가 주

　　　　봄이 오면 하늘 위에 종달새 우네
　　　　종달새 우는 곳에 내 맘도 우네
　　　　나물 캐기 아가씨야 저 소리 듣거든

>  새만 말고 내 소리도 함께 들어 주
>  나는야 봄이 오면 그대 그리워
>  종달새 되어서 말 붙인다오
>  나는야 봄이 오면 그대 그리워
>  진달래 꽃 되어 웃어 본다오.
>
>  ─〈봄이 오면〉─

　이 시는 가곡으로도 작곡되어 널리 사랑받고 있는 작품이다. 이 시에서 '봄'은 말할 것도 없이 모든 갈등과 고통으로부터 해방된 유토피아적 시간을 의미한다. '봄'은 온갖 꽃이 다투어 피어나고 새들이 노래하는 심미적 시간일 뿐만 아니라 오랜 기다림이 완성되는 생명과 사랑의 시간이기도 하다는 점에서 유토피아적이다. 또한 그것은 현실 세계의 삶을 제약하는 온갖 것들——제도와 관습, 그리고 그것들로부터 비롯되는 기아와 궁핍과 대립과 갈등——로부터 해방된 시간이라는 점에서 유토피아적이다. 이 시가 대중들에게 널리 사랑을 받을 수 있었던 것은, 바로 우리에게 친숙하고 일상적인 삶의 경험을 빌어 유토피아의 이미지를 빚어내는 데 성공했기 때문이라고 할 수 있다.

　이 점은 분명히 이 시의 강점이지만 그렇다고 해서 그것을 전적으로 긍정적으로 받아들이기는 어렵다. 왜냐하면 이런 식으로 빚어진 이미지들은 결과적으로 현실과 유토피아 사이의 시간적 경계를 불명확하게 만들 수 있기 때문이다. 이런 맥락에서 이 시에서 그려진 유토피아적인 시간이, 인간의 노력을 통해 앞당겨야 할 시간이 아니라 주기적으로 반복되는 시간으로 상정되고 있다는 점은 다시 한번 주목해 볼 필요가 있다. 물론 이 시에서 그려진 유토피아적 세계는 '봄이 오면'이라는 단서가 시사하듯이 미래의 상황을 가정한 것이라고 해석할 수도 있다. 하지만 정확하게 말하자면 이 시가 노래한 것은 이룩되어야 할 미래가 아니라 항구적으로 되풀이되는 사건으로서의 봄이다. 이 시에 되풀이해서 사용된 현재 시제가 이 점을 명확하게 말해 준다. 물론 이를 두고 김동환이 이런 유토피아적 경험이 주기적으로 반복되거나 이미 실현된 현재의 사건이라고 믿었다고 할 수만은 없을 것이다.

그러나 현재와 미래의 시간적 경계를 뭉뚱그린 이 시의 시제가 문제적일 수 있는 것은, 그것이 자칫하면 '지금 여기'의 삶에 대한 관심의 포기와 연결될 수도 있기 때문이다. 실제로 이 시가 씌어진 시기가 현실에의 비판적 관심과 개혁적 열정이 점차 약화되는 시기와 맞물려 있다는 사실은 이런 진단이 과장된 것만은 아님을 말해 준다. 또 이 시에서 그가 줄곧 관심을 가져 왔던 자아와 세계의 갈등과 대립이 철저하게 배제되고 있다는 사실도 마찬가지 관점에서 이해할 수 있다. 이 시는 일체의 대립과 갈등을 배제한 채 친근하고 일상적인 이미지들을 동원해서 이 유토피아가 '지금 여기'에 실현된 듯한 착시 효과를 만들어내고 있는 것이다.

이런 점들로 미루어 볼 때 김동환의 유토피아는 '지금 여기'에 대한 진지한 성찰의 결과가 아니라 차라리 그것을 포기한 대가로 얻어진 것에 지나지 않는다고 할 수 있다. 다시 말해서 그의 유토피아는 '지금 여기'에 대한 진지한 성찰을 토대로 한, 인간의 주체적인 노력에 의해 실현되어야 할 어떤 곳으로 제시된 것이 아니라 단순히 잠시의 거짓 위안을 제공하는 환상적인 도피처에 지나지 않았던 것이다. 하지만 잠시 현실의 고통을 잊게 해 주던 이 유토피아에의 환상이 깨어질 때, 그가 택할 수 있는 길은 하나밖에 없었다. 즉, 현실과 타협하면서 그 속에 안주하는 길이 그것이다. 다시 말해서 현실과 유토피아 사이의 시간적·공간적 거리를 부정함으로써 '현실=유사 유토피아'를 받아들이는 것이다. 김동환이 일제 말의 현실을 긍정하고 수용한 것은 이런 논리에 기초한 것이었다고 할 수 있다. 하지만 이 때의 유토피아란 타인과 공유할 수 있는 진정한 유토피아가 아니라 자기기만적인 유토피아, 곧 거짓 유토피아가 되고 만다. 이 거짓 유토피아로 탈출하고자 하는 은밀한 열망은 여러 가지로 변주되어 나타나는데, 가령 다음과 같은 시에서는 이국정조와 결합되면서 동화적인 환상으로 표출되기도 한다.

눈 날리는 밤 트로이카 타고
가고 싶구나
하늘 끝까지 슬픈 노래 부르며
고국 떠나서

먼 마을엔 콤소몰카 노래가
흘러 들린다
보드카에 취한 러시아 색시와
춤추고 싶구나

타는 이 가슴 꺼줄 이 없어서
　　눈 날리는 밤
　　시베리아로 트로이카 달리자
　　말아 뛰어라

　　　　　　　—〈눈날리는 밤〉(『삼천리』, 1931. 12) —

　이 시의 기본정조는 강한 이국정조다. 눈 날리는 북국의 밤, 트로이카, 콤소몰카, 보드카, 러시아 색시, 시베리아 등 이국적인 정취를 담고 있는 시어들은 독자들을 생소한 세계로 인도한다. 물론 이 생소한 세계는 〈적성을 손가락질하며〉나 『국경의 밤』에서 그려진 '북방'의 연장선상에 놓인 곳이어서 완전히 생소한 곳이라고 할 수만은 없다. 하지만 그의 초기 시에 등장하는 '북방'이 가혹한 자연 조건의 제약 아래 있는 구체적인 생활세계이며 따라서 복잡한 인간관계와 제도 및 관습의 구속을 받는 곳이었던 데 비해 이 시에 등장하는 북방은 그런 것들이 존재하지 않거나, 존재하더라도 아주 미약한 구속력밖에는 발휘하지 못하는 공간이다. 다시 말해서 이 시가 그려내고 있는 공간은 일종의 환상이며, 마술이 지배하는 동화적인 세계인 것이다.

　이 시의 화자는 순간 순간의 정열에 모든 것을 맡겨 버릴 수 있는 외로운 나그네로 설정되어 있다. 그에게는 책임져야 할 삶도, 가족도, 사회적 책무도 존재하지 않는다. 그를 지배하는 것은 순간 순간의 정열과 충동이며, 그는 "보드카에 취한 러시아 색시"와의 밀월을 위해서라면 모든 것을 아낌없이 희생할 수 있는 낭만적인 존재다. 그에게는 무게도 없고 질감도 부피도 없으며, 따라서 그는 마술로 빚어낸 인간과 조금도 다를 바 없는 존재이기 때문이다. 또 그를 이국처녀와 사랑을 나눌 수 있는 환상의 공간으로 인도하는 것은 '트로이카', 그것도 눈 내리는 밤의 '트로이카'이다. 이렇게 보면 이 시가 말하고 있는 것은 좀더 분명해진다. 결국 김동환은 이 시를 통해 비현실적이고 몽환적인 공간, 유토피아로 탈출하고자 하는 은밀한 욕망을 드러내고 있는 것이다.

  이런 탈현실의 욕망이 어디서 비롯된 것인지를 정확하게 판단하기는 쉽지 않은 일이다. 그러나 1930년대로 들어서면서 지식인들에 대한 일제의 탄압이 더욱 가중되고 있었다는 점, 마르크스주의에서 민족주의로의 사상적 전환 과정에서 겪은 내적 갈등, 한때 진보적인 언론인이었다가 세속적이고 대중적인 잡지 편집자로 변신한 데 대한 내외의 따가운 관심 등 여러 가지 요인들이 복합적으로 그에게 감당하기 힘든 심리적 부담을 안겨 주었다고 추측해 볼 수는 있다. 직접적이고 물리적인 압박이 아니라 그 자신의 내적 갈등, 지향과 현실을 조화시키기 어려운 데서 오는 정신적 갈등이 얼마든지 그런 탈현실에의 욕망을 자극할 수 있었다는 것이다. 그러나 어쨌든 이 탈현실에의 욕망은, 단순히 한 편의 시에서 그친 것이 아니라 1930년대 이후 그의 민요조 서정시를 통해서 한층 더 뚜렷하게 표출된다. 그의 대표작 중의 하나로 알려진 〈산너머 남촌에는〉이 그런 예에 해당된다.

1

산너머 남촌에는 누가 살길래
해마다 봄바람이 남으로 오네

꽃피는 4월이면 진달래 향기
밀 익는 5월이면 보릿내음새

어느 것 한 가진들 실어 안 오리
남촌서 남풍 불 제 나는 좋데나


2

산너머 남촌에는 누가 살길래
저 하늘 저 빛깔이 저리 고울까

금잔디 너른 벌엔 호랑나비떼
버들밭 실개천엔 종달새 노래

어느 것 한 가진들 들려 안 오리
남촌서 남풍 불 제 나는 좋데나


3

산너머 남촌에는 배나무 있고
배나무 꽃 아래엔 누가 섰다기

그리운 생각에 영(嶺)에 오르니
구름에 가리어 아니 보이네

끊었다 이어오는 가는 노래
바람을 타고서 고이 들리네

— 〈산너머 남촌에는〉(『삼천리』, 1935. 3) —

가요로도 널리 알려진 이 시는 1935년에 발표된 작품이다. 미지의 세계, '남촌'에 대한 간절한 그리움을 담고 있는 이 시는 별다른 해설이 필요하지 않을 만큼 쉽고 서정적이다. 하지만 이 시에서 간절한 그리움의 대상이 되고 있는 '남촌'에 대해서는 다소의 설명이 필요하다. 이 시에서 말하는 '남촌'은 모든 갈등이 사라진 곳이자 기아와 궁핍이 존재하지 않는 곳이며 그리움이 충족되는 곳이다. 그뿐 아니라 이 남촌은, 온갖 꽃이 다투어 피고(2연), 한가롭게 나비가 나는(3연) 심미화된 공간이다. 얼른 보기에는 현실 공간의 봄 경치를 읊은 듯이 보이지만, 이 남촌은 현실 공간이 아니라 상상의 공간이며 더 정확하게 말한다면 일종의 유토피아라고 할 수 있다. 김동환은 이 유토피아에의 꿈을 누구나 쉽게 감지할 수 있고 또 익숙하기도 한 3음보의 율격에 실어 표현하고 있는 것이다. 이 역동적이고 탄력있는 3음보의 율격은 독자들을 시인이 창조한 상상적 공간으로 이끌어들이고 공감하게 만드는 중요한 요인이라고 할 수 있다.

　그런데 이런 '남촌'에의 동경은 새로운 것이 아니라 실상 김동환의 초기 시에서부터 줄곧 나타나고 있음을 주목할 필요가 있다. 그의 데뷔작인 〈적성을 손가락질하며〉에서 남쪽은 춥고 황량한 북쪽에 대비되는 따뜻한 곳으로 설정되어 있었다. 그의 시에서 남쪽은, 북방의 가혹한 자연 환경과 살벌하고 삼엄한 정치 지리적 환경을 벗어난 곳, 쾌적한 기후조건과 사람답게 살 만한 조건이 갖추어진 곳을 뜻했다. 이런 유토피아에의 동경을 김동환 혼자만의 것이라고 하기는 어렵다. 이미 1920년대 초부터 많은 시인들은 자기 나름의 유토피아를 제시했기 때문이다. 가혹한 식민지 현실 속에서, 그리고 새로운 문명의 세례를 받은 자신들을 수용하지 못하는 봉건적이고 완고한 조선 현실에서 그들은 각기 자신들이 안주할 수 있는 곳으로 그 나름의 유토피아를 꿈꾸었던 것이다. 1920년대 초의 시에서 흔히 나타나는 '흑방'(박종화), '침실'(이상화), '병실'(박영희) 등의 공간들이 그런 예에 해당된다.

이 공간들은 모두 암담하고 답답한 현실──봉건적인 윤리와 관습의 억압만이 아니라 동시에 근대의 폭력성으로부터도 해방된 유토피아적 공간이다. 그곳은 일체의 고통으로부터 해방된, 그리고 관습의 압력과 구속이 없을 뿐만 아니라 온갖 죄악과 거짓이 난무하는 현실로부터 격리된 공간이었다. 하지만 1920년대 초의 시들이 제시한 유토피아는 퇴폐와 자학의 냄새를 짙게 풍길 뿐만 아니라 지극히 폐쇄적이고 사적이라는 한계를 안고 있었다. 이들의 유토피아는 다른 사람들과 공유할 수 있는 것이 아니라 지극히 자족적이고 폐쇄적인 성격을 가진 것이었고, 따라서 보편적인 공감을 획득하기 어려웠다.

이에 비해 〈산너머 남촌에는〉에서 김동환이 제시한 '남촌'은 폐쇄적이고 사적인 공간이 아니라 밝고 개방적인 공간이며 그런 점에서 폐쇄적인 밀실 이미지들에 비해 보편적인 설득력과 감동을 가질 수 있다는 장점을 지니고 있다. 적어도 이 시에서는 1920년대 초기 시에서 흔히 볼 수 있는 병적인 성격이나 퇴폐적이고 자학적인 냄새가 나지 않는 것이다. 결국 이렇게 보면 이 시가 널리 사랑을 받고 있는 이유는 이 시가 대다수의 사람들이 공감할 수 있는 보편적인 유토피아의 상을 제시했다는 점에서 찾을 수 있을 것이다.

김동환의 '남촌'은 여러 가지 모순을 안고 있는 식민지적 근대에 대비되는 공간이었다. 또 그의 유토피아는 다분히 반근대적이고 반도회적이며 농본주의적인 색채를 지니고 있었다. 그곳은 온갖 꽃들이 다투어 피어나고 나비들이 날아다니는 심미화된 공간이자 기아와 궁핍으로부터 해방된 공간이었고 1920년대 초기 지식인들이 열렬히 바라마지 않았던 사랑과 그리움이 충족되는 공간이었다. 그런 점에서 그의 '남촌'은 신석정이 제시한 '그 먼 나라'와도 흡사한 공간이라고 할 수 있다. 하지만 신석정의 '그 먼 나라'가 다분히 서구적인 냄새를 풍기는 데 비해 김동환의 '남촌'은 좀더 토속적인 색채를 지니고 있다는 점에서 구별된다. 이런 점에서 보면 〈산너머 남촌에는〉은, 누구나 공감할 수 있는 개방적이며 건강한 조선적 유토피아의 이미지를 창조하는 데 성공한 작품이라고 할 수 있다.

하지만 이 시에서 놓치지 말아야 할 부분은, 이 '남촌'이 '산너머'에 있을 뿐만 아니라 '구름에 가리어 아니' 보인다는 구절일 것이다. 유토피아는 단지 '끊었다 이어오는 가는 노래'를 통해서만 그 존재가 감지되는 것이다. 하지만 그럼에도 불구하고 그는 '끊었다 이어오는 가는 노래'를 듣는 것만으로 자신이 꿈꾸는 유토피아에 도착한 듯한 환각 속에 빠져 있다. 〈봄이 오면〉에서 유토피아적 시간과 현실과의 경계가 모호했던 것처럼 이 시에서는 유토피아적 공간과 현실과의 경계가 모호해진 것이다. 이 시가 언급하고 있는 것처럼 '끊었다 이어오는 가는 노래'를 통해서 끊임없이 유토피아의 존재가 확인되는 한, 유토피아/현실의 차이는 중요하지 않을 수도 있다. 현실과 유토피아의 차이는 질의 차이가 아니라 단지 정도의 차이로 파악될 수 있기 때문이다. 이럴 때 현실을 일종의 의사(擬似) 유토피아로 받아들이는 것은 불가피한 일이 된다. 그리고 그것은 현실에의 안주를 정당화하는 결과를 낳게 된다. 다시 말해서 1930년대를 넘어서면서 김동환은 결국 일제 치하의 현실을 일종의 의사(擬似) 유토피아로 받아들이고 현실 속에 안주하는 길을 택하게 되었던 것이다. 그러나 그가 발견한 유토피아는, 그 자신이 속한 공동체를 배신함으로써만 얻을 수 있는 것이었다는 점에서 가짜 유토피아일 수밖에 없었다.

## 6

# 김동환의 친일 행적과 친일시

　김동환의 친일 행위가 본격화된 시기와 그 내용에 대해서는, 연구자들에 따라 다소 다른 견해를 보여 준다. 가령 오세영은 김동환의 문학을 3기로 나누고 『삼천리』 간행기간인 2기(1930~1945)가 본격적인 친일기라고 보았다. 이는 잡지 경영으로 세속적인 성공을 거둔 것이 친일과 무관하지 않다는 생각, 다시 말해서 당시의 시대적 상황으로 미루어 시국에 대한 협조 없이 잡지 경영을 통해 세속적인 성공을 거두기가 쉽지 않았다는 판단과 관련된다. 이와 함께 오세영은, 김동환이 1930년대 초부터 간간이 현실을 긍정하는 듯한 발언을 하고 있는데, 이는 문인보국회, 국민총진회, 임전보국단의 간부를 역임했거나 시국강연을 통해 징병, 징용을 독려했던 1930년대 말부터의 본격적인 친일과는 질적으로 다른 것이기는 하지만, 친일의 가능성을 보여 준 것으로 평가할 수 있다고 본다.
　또 『친일문학론』으로 유명한 임종국은 김동환의 친일 행적이 노골화된 시점이 1940년 7월 6일 ≪매일신보≫에 실린 「전승과 문화의 융성」이란 시국평론에서부터인 것으로 평가하고 있다. 하지만 임종국의 경우도 이미 그 이전부터 김동환의 친일적인 성향이 조금씩 나타나고 있다는 사실을 부인한 것은 아니다. 비록 적극적인 친일 활동은 『삼천리』의 제호를 『대동아』로 개제한 1942년경부터라고 하지만, 이미 『삼천리』 시절부터 시국에 협조적인 태도를 보임으로써 친일의 조짐을 보여왔다는 것이다. 이 밖에 김윤태는 김동환의 친일 활동이 문필 활동에서보다는 잡지발행인으로서의 활동, 또는 기타 조직 활동에서 두드러졌다는 입장을 취한다. 김동환은 『삼천리』를 이용해서 직접 임전대책협의회를 결성하는 일에 나서기도 했고, 1942년에는 잡지 제호를 아예 『대동아』로 바꾸고 본격적으로 친일의 길에 나섰다는 것이다.

하지만 김동환이 현실에 대해 타협적인 태도를 취하게 되는 시기가 대체로 『삼천리』의 발간 이후, 더 정확하게는 1930년대에 들어서면서부터라는 점에 대해서는 별다른 이견이 없어 보인다. 그것은 일제의 줄기찬 사상 탄압을 고려할 때 총독부 권력과의 타협 없이는 잡지 발간이 불가능했다는 현실적인 조건과 관련된 것이다. 비록 겉으로는 민족주의를 표방했다고 하더라도 잡지 발행인으로서의 세속적인 성공을 위해서는 어느 정도 일제의 시책에 대해 타협적인 태도를 취하지 않을 수 없었던 것이다(하지만 김동환이 총독부 출입기자를 했고 급기야 총독부로부터 받은 은사금을 밑천 삼아 『삼천리』를 창간했던 점으로 미루어 보면 그는 이미 1930년대 이전부터도 시국에 대해 어느 정도 협조적인 태도를 보였다고 추측할 수도 있다. 식민지 권력의 중심부인 조선총독부 출입기자란 아무나 할 수 있는 일이 아니었기 때문이다).

따라서 김동환이 『삼천리』를 창간한 이후 표방한 민족주의란, 사실상 시국에의 묵시적 협조를 전제로 한 것이었다고 할 수 있다. 식민지 치하에서의 온건하고 타협적인 민족주의란 식민지 지배체제를 기정사실로 인정한 가운데——다시 말하면 민족해방이라는 정치적 과제를 포기하거나 유보한 가운데 문화 부문에서의 자율성만을 인정받으려고 한 일종의 민족개량주의였거니와, 김동환이 표방한 민족주의도 여기서 크게 벗어나지 않는 것이었다. 『삼천리』에 정치적으로 민감한 내용은 거의 반영되지 않았고, 시국에 대한 관심이 두드러졌으며 가십성의 기사가 주로 실린 것도 이런 맥락에서 이해할 수 있다. 하지만 어찌되었든 1930년대 전반과 중반에 『삼천리』나 김동환의 행적에서 뚜렷한 친일의 흔적을 찾기는 어렵다. 김동환의 친일 행적이 시작된 정확한 시기에 대한 이견은 이 때문이다.

그러나 1930년대 말에 이르면 김동환의 친일 활동은 대단히 두드러진 양상을 보여 주게 된다. 이 무렵부터 『삼천리』에는 조선총독 회견기나 시국 특집 같은, 시국에 협조하려는 의도가 노골적으로 나타난 기사들이 실리기 시작했다. 그리고 백산청수(白山靑樹)라는 이름으로 창씨개명을 한 그는, 해방 직전까지 조선문인협회 간사, 조선임전보국단 상무위원, 대의당 위원, 국민총력 조선연맹 출판연락위원 등의 직책을 맡아 시국에 적극적으로 협조했다. 그는 이광수나 최남선과 마찬가지로 학도병 지원을 촉구하는 시국강연 등에 앞장서기도 했고 ≪매일신보≫,

『삼천리』, 『대동아』 등의 신문·잡지에 친일적인 색채가 농후한 시를 발표하기도 하는 등(이 시들은 대부분 1942년에 간행된 시집 『해당화』에 수록되어 있다) 적극적으로 친일 활동에 나섬으로써 김대우, 이성환 등과 함께 '3인의 까마귀'라는 오명을 뒤집어쓰기도 했다.

김동환의 친일적인 문필활동과 관련하여 지금까지 확인된 자료로는 〈전가초(戰歌抄) — 대동아전쟁 이후의 신작〉 등의 친일시들을 수록한 『해당화』(대동아, 1942)가 있고 김동환이 편집하고 삼천리사에서 간행한 『애국대연설집』(1941), 『조선문화강연집』(1941), 전쟁시집 『승전가』(1941), 『대전과 조선민중』(1941) 등이 있다. 그는 자신의 시와 평론을 통해서만이 아니라 자신이 경영하고 있던 『삼천리』를 적극 활용하여 친일인사들의 글이나 연설 등을 간행함으로써 친일 논리의 대중적 확산에 기여했던 것이다. 이런 활동들은 얼핏 보면 그 자신이 줄곧 표방해 왔던 민족주의적인 입장과는 모순되는 듯이 보인다. 심지어 자신의 창씨개명조차 그런 민족주의적인 입장에서 이루어진 것임을 강변했던 김동환이었기 때문이다.

그러나 사실 따지고 보면 주관적 애국심과 객관적인 행위가 반드시 일치하지 않을 수도 있다는 사실은 그리 새로운 것이 아니다. 대표적인 친일 문학인인 이광수조차도 자신의 행위가 민족을 위한 것이었노라고 강변했을 정도였으니까 말이다. 따라서 김동환이 밝힌 창씨의 변(辯)에 담긴 진실성이나 그의 주관적인 애국심에 지나치게 집착하는 것은 별로 옳은 일이 아니다. 물론 초기 시부터 이미 은연중 나타나고 있었고 1930년대의 시에서 두드러지게 나타나는 향토적이고 민요적인 정조로 미루어 볼 때, 그리고 『삼천리』의 성향으로 미루어 볼 때 그가 감성적인 면에서 조선적인 것에 대해서 강한 유대의식을 갖고 있는 소박한 의미에서의 민족주의자였음을 부인하기는 어렵다. 설사 그것이 소극적이고 타협적인 성격을 지닌 것이라고 하더라도, 그 나름으로 일제하의 상황에서 민족적인 것에 대한 향수를 자극하고 민족적 감성을 유지하려고 애쓴 것을 평가하는 데 그리 인색할 필요는 없기 때문이다. 이런 맥락에서 일견 어처구니없어 보이기도 하는 그의 창씨(創氏)의 변(辨)도 일단은 그 진실성을 인정해 줄 수 있다.

하지만 진짜 중요한 것은 김동환을 포함한 많은 문인들이 주관적인 애국심에도 불구하고 결과적으로는 친일의 길에 나섰고 개중에는 본심에서 우러나왔다고 해도 지나치지 않을 만큼 적극적으로 친일 행위를 한 사람도 다수 있었다는 사실이다. 주관적인 의도와 객관적 행위 사이의 이 엄청난 괴리를 어떻게 이해하는가 하는 것은 우리 문학사를 이해하는 데 있어서 대단히 중요한 의미를 지닌다. 특히 친일문학으로 점철된, 그래서 흔히 문학사가들이 '암흑기'로 규정하고 슬쩍 지나치고 마는 1930년대 말부터 8·15까지의 문학사의 상처들을 우리 문학사의 연속성 속에서 이해하기 위해서는 거칠게나마 이 문제를 짚고 넘어가지 않을 수 없다.

식민지 시대 말기 문인들이 보여 준 친일의 경로는 대략 다음 몇 가지로 유형화할 수 있을 것이다. 첫째, 일제의 탄압과 회유에 굴복한 경우, 둘째, 일본이 대륙침략을 정당화하기 위해 내세운 대동아 공영권의 논리나 근대 초극의 논리 속에서 제국주의 침략의 제물이 되었던 아시아 제국(諸國), 특히 조선이 살아날 수 있는 가능성을 엿본 경우, 다시 말해서 일본을 맹주로 한 대동아 공영권 논리를 수긍하고 이를 받아들임으로써 서구적 근대의 파행성을 넘어설 수 있으리라고 믿은 경우, 셋째, 채만식의「치숙」에 등장하는 화자나 『태평천하』의 윤직원처럼 단지 자신과 일가의 안녕과 영달을 위해서 친일을 한 경우가 그것이다. 물론 이 세 가지 유형도 세밀하게 살펴보면 그 속에 많은 스펙트럼을 안고 있을 것이다. 또 구체적인 친일의 동기를 따져보면 이 중 몇 가지가 뒤섞인 복잡한 양상을 드러낸다고 할 수 있다.

하지만 그런 변수들을 젖혀놓고 생각할 때 가장 문제가 되는 것은 두 번째의 경우이다. 첫 번째의 경우는, 친일이라고 하더라도 소극적인 데 머물렀기 십상이고 따라서 그에 대해 도덕적으로 비난을 하는 경우에도 그것은 진짜 엄중한 비난이라기보다 차라리 가혹한 시대에도 지조를 잃지 않았던 지사나 영웅들을 보고 싶어하는 후세 사람들의 아쉬움을 달리 표현한 것으로 이해할 수 있기 때문이다. 지식인들의 윤리적 염결성에 대한 우리의 기대 수준은 그만큼 높은 것이다. 하지만 이는 일제 말기에 집단적인 현상으로 나타난 친일 문제를 논리적으로 이해하는 데는 별 도움이 되지 않는다. 세 번째의 경우도 이 점에서는 마찬가지이다.

그러나 두 번째의 경우는 상당히 심각한 의미를 내포하고 있다. 일제가 내세운 대동아 공영권의 논리나 근대 초극론이

내포하고 있는 것은, 아시아에서 가장 일찍, 그리고 강대한 근대 국가로 발돋움한 일본을 맹주로 하여 비서구 세계에 대한 폭력적인 침탈로 특징지어 지는 서구적 근대를 극복해야 한다는 논리였다. 이런 논리들이 전제하고 있는 아시아 대 서구, 황인종 대 백인종의 대결이라는 구도는 강한 반서구적·인종주의적인 색채를 담고 있었거니와, 이는 흔히 서세동점(西勢東漸)이라고 불리는 19세기 이후 세계사적 동향 속에서 고통을 당해 온 식민지 조선 지식인들의 입장에서 상당히 매력적일 수 있는 논리였다. 그래서 이 논리는 결국 고통으로 점철된 근대의 폭력적인 경험에서 벗어날 수 있는 유일한 길은 일본에 동화되는 것밖에 없다는 식으로 적지 않은 조선의 지식인들에게 수용되었다. 상당히 정교하고 복잡한 친일의 논리를 이런 식으로 정리하는 것은 대단히 거칠고 부족한 것이지만, 민족을 위한 불가피한 친일이라는 논리의 밑바닥에 깔려 있는 것은 바로 이런 시각이었다.

  김동환이 앞에서 언급한 친일의 여러 경로 가운데 어느 쪽에 속할 것인가는 섣불리 단정짓기 어렵다. 설사 두 번째의 입장이라고 하더라도 첫 번째나 세 번째 가능성을 전혀 무시할 수는 없기 때문이다. 특히 잡지 편집자로서 상당한 세속적인 성공을 거두었고 시세와 상황의 변화에 따라 새로운 변신을 도모해 오던 김동환의 현실 감각에 비추어 일제로부터 가해지는 압력과 회유를 견뎌내기는 결코 쉬운 일이 아니었을 것이다. 또 세속적인 성공에 대한 야심과 안락한 삶에의 유혹 또한 극복하기 쉬운 일은 아니었다. 그러나 일단 친일의 길에 나선 이후 그가 '3인의 까마귀'라는 오명을 감수하면서까지 적극적인 친일 행위를 했던 것으로 미루어 보면 그의 친일 행위가 단지 회유와 압력에 못 이긴 때문이었다고 할 수만은 없을 듯이 보인다. 또 그 나름의 논리를 바탕으로 하고 있다는 점에서 단순한 출세욕이 친일의 동기라고 할 수만도 없다.

따라서 김동환 역시 다른 많은 친일 인사들과 마찬가지로 어느 정도 일제의 침략 논리에 공감하고 이를 내면화했을 가능성이 있다고 보지 않을 수 없다. 민족주의란 사실상 제국주의의 반면이고 본질적으로 파시즘의 자질을 내장하고 있는 것이거니와, 김동환이 쉽사리 팔굉일우(八紘一宇)와 근대의 초극을 내세운 군국주의 파시즘의 논리에 쉽사리 굴복할 수밖에 없었던 것은 그의 감상적인 민족주의의 필연적인 귀결이었다고 할 수 있다. 그는 제국주의 일본과의 동일화, 다시 말해서 조선 민족의 발전적인 해소만이 조선이 식민지 백성으로서의 열패감을 극복할 수 있는 유일한 길이었다고 본 것이다. 일본 민족 속에 조선 민족을 발전적으로 해소함으로써 조선은 식민지이면서도 식민지가 아닌 아시아의 지배민족으로 부상할 수 있다는 친일의 논리는, 주체적인 근대의 길을 찾을 수도 없고 근대의 폭력성을 극복할 수 있는 대안적 전망을 찾을 수도 없었던 식민지 지식인들이 쉽사리 부정하거나 물리칠 수 있는 것이 아니었던 것이다. 실제로 이런 생각의 자취는 실제로 김동환의 평론이나 시에서 어렵지 않게 발견된다. 가령 다음 시에서 나타나는 생각이 그런 경우에 해당된다.

번듯하게 사는 길이란—
제 목숨 나라에 바쳐, 나라가 그 생사 맡아주심일레
그러면 살 제는 후하게 따뜻하게 뜻같게 하여주시고
죽을 젠 그 자리 거룩하고 높게 꾸며 주시네
지금, 조국은 전쟁하는 때
살고 죽고를 더욱더 군국에 바칠 때일세
— 〈권군'취천명'(勸君'就天命')〉(《매일신보》, 1943. 11. 6) —

'지도민족' 되기 위해 우리 모두 무장하여
폐하의 주신 검으로 '조국일본 강토' 지키옵고저
또 우리 아이 모두 '의무 교육' 받아 지혜롭고
백성들은 연성(鍊成)받아 병농일여(兵農一如)에 달하옵고저.
— 〈적국 항복 받고지고〉(《매일신보》, 1944. 1. 6) —

  위에서 인용한 시들이 공통적으로 보여 주는 것은, 제국주의 일본과의 동일화를 통해서 식민지 상태에서 벗어나야 한다는 논리다. 앞의 시는 대동아공영을 위해 일본이 일으킨 '성전(聖戰)'에 참여하는 것이 곧 번듯하게 살길이자 천명이니 망설이지 말고 천명을 받들라(就天命)는 메시지를 담고 있다. 결국 일본을 조국으로 받아들이는 것만이 식민지 백성의 지위에서 벗어나 사람답게 살 수 있는 길이며, 이를 위해서 기꺼이 목숨을 바쳐야 한다는 것이다. 또 뒤의 시 역시 일본에 동화되어 전쟁에 나섬으로써 일본과 함께 아시아의 '지도민족'으로 부상할 수 있으며 이를 위해서 조선인들도 일본인과 마찬가지로 마땅히 황국신민으로 "연성(鍊成)"되어야 한다는 주장을 담고 있다. 이는 외형상 시의 꼴을 갖추고 있기는 하지만, 시가 아닌 저급한 정치적 선전에 지나지 않는다.

하지만 일본에 동화됨으로써 아시아의 지도민족이 될 수 있고, 되어야 한다는 논리는 얼마든지 '민족을 위한 친일'로 강변될 수 있는 소지를 안고 있었다. 조선을 포함한 아시아 제국(諸國)이 경험한 근대가 서구 제국주의의 침략에서 기인한 것인 한 아시아 전체의 안녕과 동일성을 보존하기 위해서는 서구 제국주의의 침략을 막아내지 않으면 안 된다는 생각, 또 이를 위해서 아시아의 맹주를 자임하고 나선 일본에 힘을 실어줄 수밖에 없다는 생각, 그리고 일본에 동화됨으로써 '대동아전쟁'

1940년 앞줄 왼쪽부터 김동환, 모윤숙

1940년 『순애보』(박계주 작) 당선 축하회에서
앞줄 왼쪽부터 세번째 춘원, 다섯번째 김동환, 여섯번째 박계주
오른쪽부터 첫번째 박종화

의 성업을 완수하는 것만이 식민지 조선이 근대의 아픈 기억에서 벗어나서 '지도민족'으로 비상할 수 있는 유일한 길이라는 생각은 당시로선 그다지 낯선 것이 아니었기 때문이다. '민족을 위한 친일'이라는 어처구니없는 주장은 단순한 수사적 표현이 아니라 그 나름으로 상당히 정교한 논리를 지닌 신념일 수 있었던 것이다.

김동환으로 하여금 해방 후 반민특위에 체포되어 공민권 정지 5년이라는 비교적 무거운 실형을 선고받지 않을 수 없게 했던 친일 행위는 이런 논리의 바탕 위에서 이루어진 것이었다. 물론 김동환의 친일 행위에 대해서는 다른 견해도 없지 않다. 김동환의 친일을 객관적 사실로 인정하면서도, 그가 표방했던 민족주의적인 입장을 강조하여 그의 친일 행위가 마지못한 것이었음을 강조하는 견해가 그것이다. 하지만 앞에 인용한 시나 그의 평론의 논조로 미루어 볼 때 그의 행위가 강요에 의한 것이라고 보기는 어렵다. 오히려 그의 친일 행위는 다른 많은 지식인들의 경우와 마찬가지로 그 나름의 논리와 신념에 기초한 것이라고 보는 것이 타당할 것이다.

이처럼 김동환을 포함한 많은 지식인들이 일본에 동일화됨으로써 아시아의 지도민족으로 부상해야 한다는 논리의 함정에 빠져들었던 것은 우리 근대의 한계와 관련된 비극이었다. 근대로 접어드는 길목에서 일본의 식민지가 됨으로써 스스로 근대의 길을 개척할 수 없었을 뿐만 아니라, 근대의 폭력성을 극복할 수 있는 대안적 전망을 찾을 수도 없었던 우리 근대의 취약성이 불가피하게 일본에의 동화를 통한 근대의 초극이라는 논리에 동조하도록 만들었던 것이다. 김동환을 포함한 많은 친일 지식인들의 행위를 단순히 개인의 윤리적 책임으로만 돌릴 수 없는 것은 이 때문이다.

## 7

# 해방 후의 시와 현실인식

　해방 후 김동환의 삶은 개인적으로나 사회적으로나 그다지 평탄하지 못했던 듯싶다. 우선 개인적으로 1943년경부터 계속되었던 소설가 최정희와의 동거 생활로 인한 가정 내에서의 긴장이 계속되었고, 반민특위에 의해서 공민권을 박탈당하는 등 사회적으로도 큰 시련을 겪었기 때문이다. 물론 가정적인 시련은 이미 기정 사실화된 부분이 있었고, 반민특위에 의한 제재 역시 이승만 정권에 의해서 반민특위가 강압적으로 해체됨으로써 일시적인 것으로 끝났다. 하지만 남달리 자의식이 강했던 김동환이 이런 일들로 인해 적지 않은 타격을 받았으리라는 것은 쉽게 짐작할 수 있는 일이다. 하지만 이런 상황에서도 그는 창작 활동을 포기하지 않았다. 해방 전처럼 활발하게 작품을 발표하지는 않았지만, 틈틈이 시를 썼고, 이 작품들은 납북된 뒤 한참이 지난 1962년에 『돌아온 날개』라는 시집으로 묶여서 출판되었다.

해방 후의 시는 물론 식민지 시절의 시들과는 다른 모습을 보여 준다. 해방기는 국민 대다수의 정치적 관심이 비상하게 고조된 일종의 정치 과잉의 시대였으므로 시인들이라고 해서 이런 분위기로부터 자유로울 수는 없었기 때문이다. 따라서 김동환의 시에서 해방기 현실에 대한 관심이 짙게 나타나는 것은 피할 수 없는 일이었다. 해방기의 정치적 혼란과 격변 속에서 1930년대와 같은 탈정치적인 성향을 그대로 유지하기는 어려웠던 것이다. 하지만 해방이 되었다고 해서 그의 정치적 입장이나 시각에 큰 변화가 생기지는 않은 것 같다. 그는 여전히 보수 우익적인 입장을 견지하고 있고, 관념적 민족주의의 입장을 버리지 않고 있기 때문이다. 그는 변화보다 현상 유지를 원하는 쪽이었던 것이다. 따라서 그에게 좌익과 우익, 그리고 친일 잔재의 청산을 요구하는 세력과 식민지 시절에 누리던 기득권을 유지하고자 하는 세력이 첨예하게 대립하고 있던 해방기 현실은 현존하는 질서를 어지럽히는 일종의 혼란으로 파악된다.

물론 다른 시인들과 마찬가지로 그 또한 해방의 감격을 노래했다. 그에게도 해방은 잃어 버렸던 '날개'를 되찾은 계기, 그래서 민족사의 비상이 가능하게 된 계기였던 것이다. 하지만 김동환이 해방기에 쓴 시들이 주목되는 것은, 단순히 잃어 버린 날개를 되찾은 데 대한 기쁨과 감격을 토로했다는 점 때문이 아니다. 오히려 그가 해방 후에 쓴 시들은 대부분 그런 감격 시대의 시와는 다소 거리가 있는 것이라고 해야 옳다. 김동환은 해방과 함께 민족사가 미래를 향해 비상할 수 있는 계기가 주어졌지만, 현실적으로는 그 꿈을 이루는 일이 결코 쉽지 않으리라는 점을 비교적 예리하게 포착해내고 있었던 것이다. 따라서 이 시집에서 주목해야 할 것은, 점점 분단을 향해 치달아 가는 현실을 근심스럽게 지켜보는 시인의 눈길이다.

하지만 그렇다고 해서 김동환이 해방의 의미와 해방 이후 민족사가 전개되어 가야 할 방향에 대해 깊이 성찰했다고 보이지는 않는다. 그에게 해방은 단지 이민족의 지배로부터 벗어나는 것 이상을 의미한 것은 아니었던 것이다. 따라서 김동환은 해방이라는 정치적 사건 그 자체에 만족할 뿐 그것이 더 높은 차원의 해방으로 인도되어야 한다는 사실에 대해서는 맹목이었다. 그러나 이민족의 압제로부터 벗어나는 것이 곧 진정한 의미의 해방을 의미하는 것이 아님은 명백한 일이다. 이민족의 지배가 종식된 것을 의미하는 해방은, 더 높은 의미에서 식민지 기간 내내 일상생활의 깊숙한 곳까지 침범했던 모든 억압과 착취 제도의 종식을 향해 고양되어야 했기 때문이다. 그런 의미에서 해방 이후 새 국가 건설의 방향을 놓고 벌어진 가진 자와 못 가진 자 사이에서 벌어진 갈등과 대립은 그런 의미에서 피할 수 없는 것이었다. 하지만 김동환에게 새 국가 건설의 방향을 놓고 벌어진 이 갈등은 단지 "반심 품고 칼 가는 이들"의 야심에 지나지 않는 것으로 파악된다.

큰물에 뚝 터지듯, 좁던 세상 넓어져
중세(重稅)도 포리(捕吏)도 채찍도 멀어가서
만백성이 잘살 날 온 줄 알았더니

어찌 다시 젊은이는 내란일 듯 근심하고
늙은이는 흉년 온다 한숨짓는고
기와집 밑에 대통령 꿈에 몸 여워가는 이 있고
초가집 속엔 반심(反心 ― 叛心의 오기인 듯 ― 인용자) 품고 칼 가는 이 느느고
이 어인 일고, 우리끼린 풀 이파리 하나로라도 따지지 말고
우리끼린 방아 끝에 묻은 떡가루마저도 나눠 먹을 것을

― 〈풀 이파리 하나라도〉 ―

이 시는, 이승만의 정치적 구호였던 "뭉치면 살고 흩어지면 죽는다"를 연상케 한다. 이 논리는 친일 잔재의 숙청을 요구하는 민중들의 요구를 좌익들의 분열 책동으로 몰아붙이기 위한 이승만의 데마고그(demagogue)와 관련된 것이거니와, 김동환의 시가 보여 주는 시각은 여기서 크게 멀지 않다. 그는 이민족의 압제가 종결된 정치적 사건으로서의 해방으로 모든 문제가 해결된 듯이 보고 있기 때문이다. "우리끼린 방아 끝에 묻은 떡가루마저도 나눠 먹을 것을"이라는 소박한 유토피아적 꿈을 담고 있는 구절이 이를 말해 준다. 이런 유토피아의 이미지는 공동체적 유대감에 기반을 둔 오래된 소망과 관련된 것이라는 점에서 지극히 소박한 것으로 보일 수 있다. 하지만 오랜 식민 통치의 잔재가 그대로 남아 있는 해방 직후의 상황에서 그것은 음험한 이데올로기 이상일 수 없었다.

물론 다른 사람들에게와 마찬가지로 김동환에게도 해방은 "큰 물에 뚝 터지듯, 좁던 세상 넓어"지고 "중세도 포리도 채찍도 멀어져" 가리라는 희망을 안겨 주었다. 또 함석헌의 표현

대로 "도적처럼" 찾아왔던 해방을 맞으면서 이런 유토피아에의 희망을 품는 것은 어쩌면 당연한 일일 수도 있었다. 하지만 중요한 것은 단순히 이민족의 압제로부터 벗어났다고 해서 이런 유토피아가 보장되는 것은 아니라는 사실이다. 유토피아에의 꿈은 오랜 식민지 잔재의 청산과 바람직한 새 국가 건설을 통해서만 가시화될 수 있는 것이었다. 하지만 기득권의 유지를 바라는 세력들이 존재하는 한 식민지 잔재의 청산과 새로운 국가의 건설은 불가능한 일일 수밖에 없었다. 따라서 새로운 나라를 세우려는 노력과 현존하는 질서를 유지함으로써 기득권을 놓치지 않으려는 세력 사이의 갈등은 필연적이었다. 그러나 김동환은 이런 유토피아의 도래에 대한 기대가 권력을 꿈꾸는 이들과 "반심 품고 칼 가는 이들"에 의해서 배반당할 수도 있음을 경고한다.

  이런 지적은 흔히 혼란으로 일컬어지는 해방 직후의 상황에 의해 정당화될 수도 있다. 그러나 더 중요한 것은 격렬한 표면의 흐름이 아니라 그 밑을 관류하고 있는 일관된 흐름, 억압과 착취로부터 해방된 자유로운 새 나라의 건설에 대한 열망이었다. 따라서 이 저류를 감지하지 못한 채 단지 겉으로 드러난 현상에 대해 개탄하고 있는 김동환의 정치적 상상력이 가진 한계는 명확하다고 할 수 있다. 그는 여전히 보수 우익적 관점에서 현존하는 질서의 유지를 원하고 있었던 것이다. 그에게 변화는 두려운 것이었고 그 변화를 주도하는 사람들은 "반심을 품은" 역적의 무리에 지나지 않았던 것이다. "우리끼린 풀 이파리 하나로라도 따지지 말고 / 방아 끝에 묻은 떡가루마저도 나눠 먹어야" 할 세상이란, 일제 시대 내내 기득권을 누려 온 사람들의 기득권을 인정하고 정당화하는 이데올로기에 지나지 않았던 것이다.

이런 입장에 설 때 해방기의 현실은 단순한 '혼란'과 '위기'로밖에 파악되지 않는다. 기득권의 유지를 바라는 세력에게 있어서 해방의 기쁨보다 현존 질서가 붕괴되면서 야기될 혼란과 무질서에 대한 불안감이 더 클 수도 있었던 것이다. 다음에 살펴 볼 시가 보여 주는 시각이 바로 그런 예에 해당된다. 이 시에서 나타나는 것은 해방의 의미에 대한 성찰과 새 국가 건설에 대한 비전이 아니라 현존하는 질서가 흔들리고 있는 데 대한 불안감과 공포이다.

>길을 잃어서 여울물 뚝 터뜨리고 흐르고
>길을 잃어서 모래알 사태를 일쿠며 내린다
>길을 잃어서 헤매는 이 백성 앞에
>내일 날 무엇이 올까 소름이 친다
>
>어린아이 철없는 칼끝에 은가락지 생채기 들고
>함부로 부는 바람에 꽃밭이 짓이겨져 간다
>길이 잘못 나니 모든 것이 부서지고 망가질 뿐
>내일 날 이 터전에 무엇이 남을까 소름이 끼친다
>
>―〈길을 잃어서〉 전문―

이런 시에서 애상적인 감상을 노래한 민요시인의 체취를 맡아내기는 어렵다. 그보다 이 시에서는 현실의 동태에 대해 누구보다 민감하게 반응하는 그의 현실 감각이 더 두드러지게 나타난다고 할 수 있다. 해방 후 한동안 해방의 감격에서 헤어나오지 못했던 대부분의 시인들과는 달리 그는 좌익과 우익의 대립과 갈등에서 초래된 혼란이 장차 참혹한 결과를 가져올 것임을 거의 본능적으로 예견하고 있는 것이다. 이 시의 화자는 해방기의 감격과 흥분에 휩쓸리지 않고 냉정하게 현실을 굽어보고 진단하는 위치에 있다. 그리고 그는 해방 후의 혼란스러운 현실이 장차 "소름이 끼치는" 끔찍한 사건들을 낳으리라고 예견한다. 그리고 결과적으로 볼 때 김동환의 이런 현실인식은 상당히 예리한 것이었다고 할 수 있다.

그러나 이런 현실인식이 해방과 더불어 제기된 민족사적 과제에 대한 올바른 성찰에 기초하고 있다고 보기는 어렵다. 해방 이후의 좌익과 우익의 대립이란 사실상 이데올로기의 대립 이전에 일제 시대부터 유지해온 기득권을 지키려는 보수적인 세력과 생존권을 되찾으려는 민중들의 요구가 맞부딪친 것이라고 할 수 있기 때문이다. 이런 관점에서 보면 좌익과 우익이란 현존하는 질서의 근본적인 변혁을 통해서 생존권을 확보하려는 기층민중과 기득권의 유지와 옹호를 추구하는 세력의 이해관계를 달리 표현한 것일 수 있었다. 이데올로기란 결국 이러한 상충되는 사회세력들의 요구를 정당화하고 합리화하는 형식에 지나지 않는 것이기 때문이다.

김동환은 이데올로기의 차이로 인한 대립과 갈등을 정확하게 포착하고 그로부터 '소름끼치는' 미래를 예견한다. 이런 예견은 얼핏 보기에 대단히 정확한 것처럼 보인다. 하지만 김동환에게는 해방기의 사회 정치적 '혼란'이 지니는 의미를 헤아릴 만한 역사의식과 감각이 결여되어 있었다. 그러기에 그의 눈에는 정당한 생존권의 확보를 위해 몸부림치는 민중들의 움직임조차 단순히 "길 잃고 헤매는" 것으로 비친다. 또 현상의 변화를 요구하는 민중들의 움직임이 어떤 사회·역사적 의미를 지니는 것인지 헤아리기에 앞서, 그것을 함부로 휘두르는 "어린 아이 철없는 칼끝"이나 "함부로 부는 바람"에 비유하고 만다. 여기서 역사가 전개되어 가야 할 방향에 대한 성찰과 고민의 흔적은 나타나지 않는다. 김동환에게 일제 시대와는 다른, 새로운 역사의 시작을 요구하는 민중들의 함성은 단지 함부로 휘두르는 "어린 아이 철없는 칼끝"이자 "함부로 부는 바람"에 지나지 않았다. 그리고 그는 이 철없는 칼끝과 함부로 부는 바람으로 인해 "모든 것이 부서지고 망가지게 만드는" 재앙이 닥쳐오리라는 예언을 하고 있는 것이다.

 역사의 격변에 대한 이 본능적인 공포는 물론 6·25 전쟁을 통해 과장된 것만이 아니었음이 판명된다. 하지만, 그렇다고 해서 김동환을 예언자적 지성이라고 평가할 수는 없을 것 같다. 예언이란, 단순히 앞으로 일어날 일을 예견하는 데 그치는 것이 아니라 윤리적 필연이 성취되는 과정으로서의 역사를 우리에게 일깨워 주는 행위여야 하기 때문이다. 그러나 김동환의 시에서 이런 역사에 대한 윤리감각을 찾아보기는 어렵다. 이 윤리감각은 자신의 과거와 민족사의 전개과정에 대한 부단한 반성적 성찰을 통해서 획득될 수 있는 것이거니와, 그의 시에서나 행적에서 자신과 공동체의 과거에 대한 반성적 성찰의 흔적은 거의 나타나지 않는다. 그런 의미에서 결국 김동환이 이 시에서 표현한 공포란, 단지 일제 시대 내내 기득권을 유지해 왔고 해방 이후에도 그 기득권이 유지되기를 바라는 계층의 이해관계를 대변한 것에 지나지 않는다고 할 수 있다. 그는 여전히 보수적인 입장에서 기득권을 유지하려는 세력의 입장을 대변하는 시를 썼던 것이다.

이는 결국 김동환이, 다른 많은 문학인들처럼 해방 이후에도 식민지 경험의 역사적 의미와 자신의 친일 행적에 대한 통렬한 반성을 할 기회를 갖지 못했음을 의미한다. 물론 은둔 생활의 쓸쓸함을 노래한 〈산가초(山家抄)〉같은 작품에서 보듯 자신이 과거에 대한 회오가 전혀 없었다고 할 수는 없다. 그러나 이 역시 자신의 과거에 대한 통렬한 반성이라기보다는 자기합리화나 변명에 가까웠다. "나라가 없어 산에 들었다가 / 나라가 있어도 그저 산에 사네"로 시작되는 이 시가 보여 주는 것은 '예레미아의 노래'가 아직 걷히지 않은 혼란스러운 현실에서 벗어나 산중에 은둔하고 있는 은자의 한가로운 심정일 뿐이다. 이 시가 강조하는 것은 자신을 산중에 유폐시킨 혼란한 세상에 대한 은근한 원망이다.

하지만 김동환이 언제까지나 이런 은인자중하는 생활을 하려고 했던 것은 아니었다고 보인다. 해방 후 그의 행적과 관련하여 정당 활동에 관여했다는 증언이나 『삼천리』의 복간을 준비했었다는 증언들은, 그의 은둔이 일시적이고 잠정적인 것이 었음을 말해 준다. 그는 다시금 날개를 펴고 해방된 조국의 하늘을 날 준비를 하고 있었던 것이다. 하지만 그것이 과거에 대

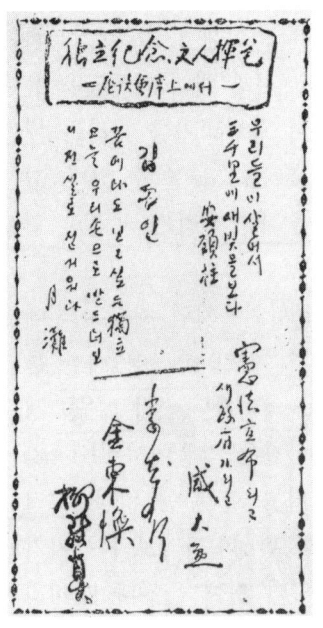

1948년 7월 17일 아서원(雅敍園)에서 삼천리사 주최 '신문화정책' 좌담회때

한 철저한 반성을 기반으로 한 것이 아니라 과거에 대한 적당한 얼버무림에 기반을 둔 것이고 과거의 기득권을 되찾기 위한 것이었음은 어렵지 않게 짐작할 수 있다. 하지만 6·25는 그의 새로운 야심과 기획을 송두리째 빼앗아 가버린 결정적인 계기였다. 미처 피난을 떠나지 못하고 서울에 남아 있던 그는 1943년경부터 동거해 오던 소설가 최정희의 권고에 따라 정치보위부에 자진 출두했다가 납북되었고, 이로써 그의 공식적인 생애는 마감되었던 것이다.

# 8
# 결 론

  이상에서 우리는 상당한 지면을 할애하여 김동환의 삶과 문학을 살펴보았다. 이 과정에서 필자는 김동환의 삶과 시에 대한 기왕의 논의들을 되풀이하는 대신, 이미 알려진 사실들을 필자 나름으로 새롭게 해석하고 의미를 부여하는 일에 초점을 맞추었다. 따라서 이 책을 통해 김동환과 그의 시에 대해 덧붙여진 새로운 것은 거의 없다고 해도 과언이 아니다. 그 대신 필자는 기왕에 알려져 있는 지식들을 문학사의 문맥 속에서 새롭게 비추어 보려고 애썼다. 그것은 물론 기왕의 논의들을 선뜻 받아들이지 못하는 필자의 기질 때문이기도 하지만, 다른 한편으로는 기왕의 견해들과 충돌을 일으킬 만한 새로운 견해를 제시해서 김동환에 대한 논의를 좀더 논쟁적인 것으로 만들어 보고 싶다는 전략적인 의도 때문이기도 했다. 필자의 생각으로는 이래야만 김동환을 아득한 과거의 시인이 아니라 독자들과 함께 숨쉬고 있는 현재의 시인으로 만들 수 있다고 보았기 때문이다.

  물론 필자의 이런 의도는 이 글을 읽을 주 독자——아마 문학에 대해 거의 문외한이라고 해도 좋을 대학 초년생들일 텐데——들에게는 좀 어울리지 않는 것인지도 모른다. 하지만 그 점은 애써 무시하기로 했다. 그것은 대학생들의 독서 능력에 대한 기본적인 믿음 때문이기도 하지만, 다른 한편으로는 기존의 지식 속에 안주하려는 타성을 깨뜨릴 필요가 있다는 필자 나름의 판단 때문이기도 하다. 사실 대개의 대학생들은 고등학교 교과 과정에서 숱한 시인, 소설가들과 그들의 작품에 대해 거의 법전화되었다고 해도 좋을 만한 지식들을 배워 왔을 것이다. 하지만 필자가 보기에 이 지식들은, 살아 있는 지식이 아니라 박물관에나 어울리는 구닥다리 지식이 아닐까 싶다. 이 곰팡내 나는 지식들을 살아 숨쉬는 것으로 만들기 위해서는 작으나마 반란 같은 게 필요한 법이다. 그들로 하여금 자신들이 갖고 있던 당연한 상식에 대해 의문을 느끼고 고개를 갸웃거리도록 만드는 것은 그런 반란의 한 방법일 수 있다. 언제나 그렇듯이 기왕의 지식에 대한 의구심은 새로운 지식을 탐구하도록 만드는 동력이 되는 법이기 때문이다.

  이런 필자의 의도가 성공적이었다고 자신하기는 어렵다. 또 필자의 견해가 김동환에 대해 학생들이 갖고 있던 기왕의 지식들을 포기하도록 만들 정도로 설득력이 있었다고 단언하기도 어렵다. 하지만 필자로서는 이 글을 통해 학생들이 그 동안 당연한 상식으로 받아들여 왔던 기왕의 문학사 지식들의 타당성에 대해 조금이라도 의문을 갖도록 만들었다면 일단 소기의 성과는 거둔 것이라고 생각한다. 이런 생각은 물론 필자의 견해가 1백 퍼센트 정당한 것이라는 주장과는 약간 다른 것이다. 오히려 필자는, 필자의 견해가 상당한 오류와 편견을 내포한 것일 수도 있다고 생각한다. 이 점은 기왕의 견해들도 크게 다르지 않다는 생각이지만, 이처럼 김동환과 그의 시에 대한 모든 견해들이 각기 적지 않은 오류와 편견을 포함한 불완전한 견해들이라고 해서 절망할 필요만은 없다.

오히려 필자로서는 각각 그 나름의 한계를 안고 있는 다양한 견해들이 갈등하고 충돌하는 과정 자체가 학문의 진전에서 중요한 의미를 지니는 것이 아닐까 생각한다. 앞에서도 잠깐 언급했지만, 법전화된 기왕의 지식 속에 안주하는 한 학문의 발전은 불가능하기 때문이다. 하지만 제도 교육을 통해 유포되는 기왕의 지식들은 흔히 절대화되는 경향이 있다. 교과서적 지식의 권위는 그만큼 대단한 것이다. 이 부분을 깨뜨리는 것, 교과서적 지식의 권위를 깨뜨리고 추문화시키는 데서부터 학문이 진전될 수 있는 가능성이 열리리라는 것이 필자의 생각이다. 그런 의미에서 필자가 이 글에서 강조하고자 했던 내용들을 간략하게 정리하면서 글을 맺고자 한다.

우선 필자가 김동환의 시에서 중요하게 생각했던 것은, 그의 서사시들이었다. 그러나 그것은 이 작품들이 진짜 서사시냐 아니냐를 따지는 장르론적인 차원의 관심이 아니라, 김동환을 사로잡은 서사적 충동의 정체가 무엇이며, 왜 하필이면 이미 자리를 잡아가고 있는 소설이 아니라 우리 문단에서는 유례가 없는 서사시의 형식을 택했는가 하는 것이었다.

첫 번째 의문과 관련해서 필자가 내세운 가설은, 이 서사적 충동의 정체는 한마디로 근대적 개혁에 대한 열망과 실천적 의지라고 할 수 있다는 것이었다. 이런 열망과 의지는, 사실 1920년대 지식인들이 공유한 것이기는 했지만 실제로 현실과 맞부치는 과정에서 각기 다른 양상을 보여 준다. 우선 현실의 벽 앞에서 개혁에 대한 열망이 좌절되는 경우, 『백조』의 시에서 볼 수 있는 것 같은 퇴폐와 절망, 혹은 현실도피의 욕구에 사로잡히기 십상이다. 하지만 거듭되는 좌절에도 불구하고 현실을 변혁하겠다는 강렬한 의지를 포기하지 않을 경우, 개혁을 가로막는 현실의 구조와 작동 원리, 그리고 그 속에서 살아가는 사람들의 삶에 대한 성찰은 필연적인 일이 된다.

초기의 김동환을 사로잡았던 서사 충동에 대해서도 마찬가지로 말할 수 있다. 그의 서사 충동은 결국 자유로운 사랑의 성취를 가로막는 인습과 제도의 벽을 허물고자 하는 강렬한 열망과 의지에서 비롯된 것이었다. 실제로 그의 주인공들은 각기 그 나름으로 현실을 변혁하고자 하는 강한 열망을 지니고 있으며 이 때문에 현실과의 갈등을 피할 수 없는 처지에 있다. 이들이 품고 있는 변혁에 대한 열망은 물론 막연하고 불투명한 것이었지만, 적어도 근대적인 가치 중의 하나라고 할 수 있는 자유 연애의 이상을 실현하고자 하는 열정과 의지만큼은 부인할 수 없다. 이 열정과 의지가 곧 현실과의 갈등을 낳고, 이 갈등이 작품의 서사를 이끌어가는 동력이 된 것이다.

김동환이 이러한 서사적 충동을 소설이 아닌 시로 쓰게 된 이유는 무엇인가 하는 것도 필자가 중요하게 생각한 문제 중의 하나였다. 이 문제와 관련해서 필자가 주목한 것은 두 가지였다. 우선 누구도 시도해 본 적이 없는 새로운 작품을 들고 나와서 단번에 문단에서 주목받으려 했던 김동환의 시인적 야심이 서사시라는 새로운 양식에 착목하게 했다는 것이다. 하지만 그보다 더 중요하게 생각한 것은, 김동환이 아직 현실의 구조와 작동 원리를 깊이 이해할 만한 지성을 갖추지 못했고 이와 함께 소설적 구체성을 확보할 만한 작가적 역량도 충분히 갖추고 있지 못했다는 점이었다. 이 때문에 그의 서사적 충동이 소설의 형식으로 표출되기는 어려웠다는 것이 필자의 생각이었다.

그런 점에서 서사시는 김동환에게 대단히 편리한 양식일 수 있었다. 소설이 아니기 때문에 치밀하고 정교한 서사와 묘사의 유기적 조화를 통해 소설적 구체성을 확보해야 할 부담을 피할 수 있었고 사건과 사건 사이의 정밀한 인과적 관련성을 확보하기 위해 고심하지 않아도 되었으며, 서정시가 아니기 때문에 단편적인 감정을 토로하는 것보다 더 많은 메시지를 전달할 수 있었던 것이다. 결국 김동환은 서사시 양식에 대한 깊은 천착이 없이 다소 절충적인 입장에서 서사시를 선택했던 것이다. 이른바 우리나라 최초의 서사시란 것이 이런 안이함과 절충적인 태도의 산물이라고 결론짓는 게 다소 입맛이 쓰기는 하지만, 그게 결국 당시 한국 문단의 한계였다는 점을 인정하지 않을 도리가 없다.

김동환이 일찌감치 서사시를 포기하고 민요조 서정시로 전환하게 되는 것도 바로 이런 출발점의 문제와 관련된다. 서사 충동을 계속 유지하기 무엇보다도 현실과의 긴장을 유지해야 했거니와 점점 세속적인 성공을 향해 나아가고 있던 김동환으로서는 이 긴장을 감당하기 어려웠고, 서사시 자체의 절충적 성격에서 기인하는 서사의 파탄 또한 견디기 어려운 것이었다. 『국경의 밤』에서 볼 수 있는 주인공의 실종과 결말의 부재, 『승천하는 청춘』에서 볼 수 있는 주인공들의 돌연한 자살은 결국 김동환이 자신이 선택한 서사가 요구하는 긴장을 감당할 만한 역량을 갖추지 못한 데서 기인한 것이었다. 그런 점에서 김동환이 일찌감치 서사시를 포기한 것을 단순히 문학적 취미의 변화 때문이라고 설명할 수는 없다고 보인다.

하지만 이유가 무엇이든 간에 김동환이 서사시 양식을 포기하고 서정시로 장르 전환한 것은 일급의 시인으로 문학사에 기록될 수 있는 기회를 스스로 포기하고 범속한 시인의 길을 선택한 것이나 다를 바 없었다. 그런 점에서 그것은 개인적 불행이었고, 이후 서사시에 대한 관심이 한동안 중단됨으로써 한국 시사가 좀더 풍부하게 발전할 수 있는 가능성을 차단하는 결과를 낳았다는 점에서 한국 근대시사의 불행이었다고 할 수도 있다. 김동환에게 있어 장르 전환을 개인의 문학적 취향의 문제가 아니라 차라리 시대와 삶에 대한 윤리적 태도와 맞물린 것이자 하나의 문학사적 사건이라고 보아야 할 이유는 여기에 있다.

이상의 내용과 함께 필자가 강조하고자 했던 것은, 그가 주관적으로 표방했던 민족주의의 입장과 친일이라는 객관적 사실 사이의 모순을 어떻게 볼 것인가 하는 문제였다. 이런 신념과 행위의 불일치에 대해서는 이미 여러 사람들에 의해서 윤리적·도덕적 단죄가 이루어진 바 있었다. 그러나 이 글에서 필자는 그것이 근대에 대한 열망과 근대의 폭력성에 대한 공포(이 양자는 사실상 동전의 앞뒷면 같은 것이다)가 빠지기 쉬운 논리의 함정일 수 있었음을 말하고자 했다. 다시 말해서 '민족을 위한 친일'로 강변되는 일단의 친일문학이 사실은 주체적인 근대의 실현에 대한 자신감의 상실, 혹은 식민지로 표상되는 근대의 폭력성에서 벗어날 수 없다는 절망감의 또 다른 표현일 수 있으며 김동환의 친일 또한 그런 맥락에서 볼 수 있다는 것이 필자의 논지였던 셈이다.

필자에게 진짜 중요한 것은 바로 이런 부분이었다고 할 수 있다. 그러니까 필자는 김동환이란 시인 자체보다는 김동환을 통해서 들여다볼 수 있는 우리 문학사의 이면, 그 속에 흐르고 있는 어떤 흐름을 드러내고 싶었던 것이다. 사실 우리 문학사의 흐름 가운데서 가장 중요한 것은, 바로 '근대'를 실현하겠다는 의지였고, 문학이 근대를 실현하는 데 어떤 형태로든 기여할 수 있다는 믿음이었다. 이 의지와 믿음은, 물론 시인이나 작가 개인에 따라 각기 다른 형태와 강도로 표현되었지만, 완전히 포기되었던 적은 한 번도 없었다. 그리고 이 의지와 믿음이 발현되는 방식에 따라 문학사에서 좌·우가 나뉘고 진보와 보수가 나뉘었다고 할 수 있다.

그런 관점에서 본다면 김동환은 문학을 통해서 근대를 실현하려는 의지와 믿음이 표현되는 방식의 양극단, 그리고 더 나아가서는 이 의지와 믿음이 굴절될 수 있는 극한점을 동시에 보여 주었다고 할 수 있다. 그가 보여 준 사상의 동요, 그리고 심지어는 친일 행적까지도 근대에의 의지와 열망이 표출되는 방식일 수 있었던 것이다. 따라서 김동환의 시적 변모 과정과 사상의 굴절 과정을 이해하는 것은, 동시에 우리 근대시사의 전개 과정을 들여다보는 것과 같은 의미로 이해할 수도 있다. 필자가 이 글을 통해서 보여 주려고 한 것은 바로 이 점이었다. 어차피 근대 문학, 혹은 근대시가 어떤 천재적 개인에 의해서 완성된 형태로 주어지는 것이 아니라 수많은 작가와 시인들이 범한 무수한 개별적 오류와 실수를 바탕으로 형성되는 것이라면 김동환의 실패와 좌절 또한 그런 맥락에서 이해해야 한다는 것이 필자의 생각이었던 것이다.

## 연보 및 연구 자료

### 1. 작가 연보

* 이 연보는 파인의 3남 김영식 씨가 제공한 연보를 다시 정리한 것임.

| | |
|---|---|
| 1901년(1세) | 1901. 9. 27 함경북도 경성군 오촌면 수송동 89번지에서 김석구와 마윤옥 사이의 4남 3녀 중 3남으로 태어남. 본관은 강릉 김씨, 아명은 삼룡(三龍). |
| 1908년(8세) | 4년제 공립학교인 경성보통학교 입학. |
| 1910년(10세) | 한일합방 후 부친 김석구가 1만여 평의 토지를 함일학교에 희사한 후 국외로 망명함에 따라 빈한한 생활을 함. |
| 1912년(12세) | 경성보통학교 졸업. 가정사정으로 인해 경성군청에서 일함. |
| 1913년(13세) | 부친을 찾아 해삼위(블라디보스토크)를 방황. |
| 1916년(16세) | 상경하여 중동중학 입학. 학비는 고학으로 조달. |
| 1917년(17세) | 북간도와 러시아 등을 방랑. |
| 1920년(20세) | 중동중학 4년 재학중 『학생계』에 〈이성규와 미〉라는 작품이 현상 공모 1등으로 당선. |
| 1921년(21세) | 중동중학 졸업. 중동학교 교장 최규동의 주선으로 일본에 유 |

|            | 학하여 동양대학 문화학과에 다님. |
|---|---|
| 1922년(22세) | 고학생들이 창립한 재일조선노동총연맹 중앙집행위원을 지냄. |
| 1923년(23세) | 1923년 9월 동경 일대를 강타한 관동대진재로 인해 학업을 중단하고 귀국. |
| 1924년(24세) | 『금성』지에 양주동의 추천으로 〈적성을 손가락질하며〉 발표.(5월) |
|            | 9월에는 함북 나남시에 있는 ≪북선일일신문≫의 조선문판 기자로 취직하여 사회에 첫발을 딛음. |
| 1925년(25세) | 첫 시집 『국경의 밤』(3월) 『승천하는 청춘』(12월) 간행. 각 신문사 사회부 기자들의 친목 모임인 철필구락부 회원이 됨. |
| 1926년(26세) | 극단 '백조회'에 참여. 정신여학교 출신의 신여성 신원혜와 혼인. |
| 1927년(27세) | 불개미극단 창단에 관여. 이해 5월에 ≪조선일보≫ 사회부 기자가 됨. 7월에는 극단 종합예술협회에 참여. 10월 전위기자동맹에 가입, 총무부원으로 일함. |
| 1929년(29세) | 삼천리사 창사. 『삼천리』(1929. 6 ~ 1942. 1) 간행. 이광수, 주요한과 함께 『삼인시가집』 발간. |
| 1930년(30세) | 1930년부터 1931년까지 1년간 신간회 중앙집행위원으로 활동. |
| 1932년(32세) | 평론집 『평화와 자유』(편)를 삼천리사에서 간행. 『삼천리』 자매지인 『만국부인』(여성 월간지) 발행. |
| 1938년(38세) | 순수문예지 『삼천리 문학』(통권 2집) 창간 |
| 1939년(39세) | 조선문인협회 간사가 됨(10월). |
| 1941년(41세) | 기행문집 『반도산하』(편)를 삼천리사에서 간행. |
| 1942년(42세) | 삼천리사 폐사. 이해 3월에 대동아사를 세우고 1942년 5월부터 1943년 3월까지 월간종합지 『대동아』 발행. 5월에 서정시집 『해당화』 간행. |
| 1943년(43세) | 1943. 1 ~ 1950. 7까지 삼천리사 부인기자 겸 편집장이었던 소설가 최정희와 동거를 시작함. 그녀와의 사이에서 두 딸 (지원, 채원)을 얻음. |
| 1946년(46세) | 조선민주당 대변인격으로 정당 활동. 7월에는 삼천리사를 재 창사하고 1948년 5월부터 1950년 6월까지 타인 명의로 『삼천 |

|  |  |
|---|---|
| | 리 속간』을 발행. |
| 1949년(49세) | 1949년 2월 28일 반민족행위특별조사위원회에 자수했으며 8월에는 공민권 정지 5년을 선고받음. |
| 1950년(50세) | 최정희의 권고로 정치보위부에 자진 출두했다가 7월 23일 납북됨. |
| 1952년(52세) | 유고수필집 『꽃피는 한반도』(숭문사) 간행. |
| 1958년(58세) | 평남일보 교정원 및 제본원. 납, 월북 인사들로 구성된 재북평화통일촉진협의회 중앙위원. 이해 12월에 평안북도 철산 지방의 집단수용소로 추방당한 이래 생사불명. |
| 1962년 | 유고시집 『돌아온 날개』(종로서관) 간행. |

## 2. 작품연보

| 작 품 명 | 게재지 | 연월일 | 비 고 |
|---|---|---|---|
| 이성규와 미 | 학생계(10월호) | 1920.10. | |
| 적성을 손가락질하며 | 금성(3) | 1924.5. | |
| 북청물장수 | 동아일보 | 1924.10.13. | |
| 또 갑니다 | 〃 | 1924.10.27. | |
| 옛날의 터전 | 〃 | 1924.11.3. | |
| 노래를 심어서 | 〃 | 〃 | |
| 별후 | 〃 | 1924.11.24. | |
| 순사 | 〃 | 〃 | |
| 꿈길 | 〃 | 1925.1.12. | |
| 애별 | 〃 | 1925.2.9. | |
| 방화범 | 〃 | 1925.2.16. | |
| 무제 | 〃 | 1925.2.23. | |
| 서시 | 국경의 밤 | 1925.3.20. | 한성도서주식회사 간, 김동환 저, 시집 |

| 작 품 명 | 게재지 | 연월일 | 비 고 |
|---|---|---|---|
| 꿈을 따라갔더니 | 국경의 밤 | 1925.3.20. | 동아일보, 1925. 1. 25., 「꿈길」의 개작 |
| 물결 | 〃 | 〃 | |
| 북청물장수 | 〃 | 〃 | 동아일보, 1924. 10. 13., 「북청물장수」의 개작 |
| 선구자 | 〃 | 〃 | |
| 표박 | 〃 | 〃 | |
| 눈이 내리느니 | 〃 | 〃 | 『금성』, 1924. 5., 「적성을 손가락질하며」의 개작 |
| | | 〃 | |
| 초인의 선언 | 〃 | 〃 | |
| 곡폐허 | 〃 | 〃 | |
| 손님 | 〃 | 〃 | |
| 울 수도 없거든 | 〃 | 〃 | |
| 영탄 | 〃 | 〃 | |
| 주영의 고백 | 〃 | 〃 | |
| 도토리 | 〃 | 〃 | |
| 국경의 밤 | 〃 | 〃 | |
| 봄 | 동아일보 | 1925.4.26. | |
| 야시장 | 〃 | 1925.4.30. | |
| 신랑신부 | 조선문단(8) | 1925.5. | |
| 몰락 | 동아일보 | 1925.5.20. | |
| 애들아, 그날이 왔다 | 조선문단(9) | 1925.6. | |
| 봄놀이 | 〃 | 〃 | |
| 춘소애상 | 〃 | 〃 | |
| 구십춘광 | 〃 | 〃 | |
| 쫓겨가는 무리 | 조선문단(10) | 1925.7. | |
| 파업 | 〃 | 〃 | |
| 가는 가을 | 〃 | 〃 | |

| 작 품 명 | 게재지 | 연월일 | 비 고 |
|---|---|---|---|
| 정조 | 조선문단(12) | 1925.10. | |
| 연애 | 〃 | 〃 | |
| 우리 사남매(서사시) | 조선문단(13) | 1925.11. | |
| 잡단시팔제 | 가면(11월호) | 〃 | 매문사, 원문 미발견 |
| 결혼 | 〃 | 〃 | |
| 시체를 안고 | 개벽(64) | 1925.12. | |
| 서시 | 승천하는 청춘 | 1925.12.25. | 신문학사 간, 김동환 저, 시집 |
| 태양을 등진 무리 | 〃 | 〃 | |
| 2년전 | 〃 | 〃 | |
| 눈위에 오는 봄 | 〃 | 〃 | |
| 혈제장의 노래 | 〃 | 〃 | |
| 순정 | 〃 | 〃 | |
| 피리부는 가을 | 〃 | 〃 | |
| 승천하는 청춘 | 〃 | 〃 | |
| 어떤 항의 | 신민(9) | 1926.1. | |
| 아침의 노래 | 〃 | 〃 | |
| 사군 | 신여성 | 1926.3. | |
| 석수장 | 개벽(67) | 〃 | 단시 6편 |
| 밤불 | 〃 | 〃 | |
| 봄 | 〃 | 〃 | |
| 가마 | 〃 | 〃 | |
| 경복궁 타령 | 〃 | 〃 | |
| 제문 | 〃 | 〃 | |
| 애도 | 시대일보 | 1926.5.9. | |
| 산사칠수 | 〃 | 1926.7.31. | |
| 고지령 | 조선지광(61) | 1926.11. | |
| 주천자 외 2편 | 〃 | 〃 | 원문 미발견(미수록) |
| 첫날밤 | 조선문단(18) | 1927.1. | |

| 작 품 명 | 게재지 | 연월일 | 비 고 |
|---|---|---|---|
| 동정녀(민요) | 조선문단(18) | 1927.1. | |
| 참대밭(민요) | 〃 | 〃 | |
| 해녀의 노래(민요) | 〃 | 〃 | |
| 웃은 죄(민요) | 〃 | 〃 | |
| 면화밭(민요) | 〃 | 〃 | |
| 도련님 당신은(동요) | 〃 | 〃 | |
| 월미도해녀요 | 습작시대 | 1927.2. | 창간호 |
| 그애 못본 날은 | 〃 | 〃 | |
| 배천가 | 동광(11) | 1927.3. | |
| 동지(가곡4수) | 〃 | 〃 | |
| 농부가(타령) | 〃 | 〃 | |
| 술회 | 조선지광(67) | 1927.5. | |
| 오월의 향기 | 〃 | 〃 | |
| 해안 | 〃 | 〃 | |
| 신추풍경 | 조선일보 | 1927.8.21. | |
| 주먹 | 〃 | 〃 | |
| 석류(柘榴) | 〃 | 〃 | |
| 산천의 향기 | 〃 | 1927.9.20. | ~10.10. 9회 연재 |
| 거지의 꿈(노래) | 별건곤(9) | 1927.11. | |
| 천재 | 조선일보 | 1927.10.16. | 사행시습작 |
| 낙화 | 〃 | 〃 | |
| 일백단일 | 〃 | 〃 | |
| 약산동대가 | 〃 | 1927.10.28. | |
| 최후의 일각 | 중외일보 | 1927.11.15. | |
| 송년부 | 조선일보 | 1927.12.18. | |
| 기는 꽃혔다 | 중외일보 | 1928.1.1. | |
| 봄이 오면(속요 1) | 조선일보 | 1928.1.10. | |
| 종로 네거리(속요 2) | 조선일보 | 1928.1.11. | |

| 작 품 명 | 게재지 | 연월일 | 비 고 |
|---|---|---|---|
| 언제 오시나(속요 3) | 조선일보 | 1928.1.12. | |
| 자장가(속요 4) | 〃 | 1928.1.14. | |
| 밤낮 땅 파네(속요 5) | 〃 | 1928.1.27. | |
| 이팔청춘가(속요 7) | 〃 | 1928.1.29. | |
| 오호불복환 | 〃 | 1928.3.31. | |
| 춘영집(1) | 〃 | 1928.4.8. | |
| 춘영집(2) 또 | 〃 | 〃 | |
| 봄의 서울밤 | 〃 | 1928.4.12. | |
| 봄비 | 〃 | 1928.4.24. | |
| 가을 | 〃 | 1928.10.16. | |
| 지재조선 | 〃 | 1928.11.1. | |
| 추야장 | 조선시단 | 1928.11. | |
| 기적만 운다 | 〃 | 〃 | |
| 눈녹기 전후 | 조선지광(83) | 1929.2. | |
| 아리랑 고개(속요) | 〃 | 〃 | |
| 팔려가는 섬 색시 | 〃 | 〃 | 속요집 |
| 님의 얼굴 | 〃 | 〃 | |
| 종로행진곡(속요 1) | 조선일보 | 1929.3.31. | |
| 봄 | 신생(7) | 1929.4. | |
| 강이 풀리면(속요 3) | 조선일보 | 1929.4.4. | |
| 아무데도 난 싫어(속요 4) | 〃 | 1929.4.5. | |
| 젊은이들아 | 별건곤(21) | 1929.6. | |
| 그리운 곡조 | 〃 | 〃 | |
| 손톱으로 새긴 노래 | 조선지광(86) | 1929.8. | |
| 삼방과차 | 조선일보 | 1929.8.10. | |
| 심자한 | 〃 | 〃 | |
| 적멸 | 〃 | 〃 | |
| 돌아온 자식 | 시가집 | 1929.10.30. | 삼천리사 간, 이광수·주요한· |

| 작품명 | 게재지 | 연월일 | 비고 |
|---|---|---|---|
| | | | 김동환 작, 김동환 편 |
| 꽃 | 시가집 | 1929.10.30. | |
| 역천자의 노래 | 〃 | 〃 | |
| 선구자의 노래 | 〃 | 〃 | |
| 재앙 | 〃 | 〃 | |
| 조 월남선생 | 〃 | 〃 | |
| 읍관전 | 〃 | 〃 | 남천리사 간, 이광수·주요한· |
| | | | 김동환 작, 김동환 편 |
| 손톱으로 새긴 노래 | 〃 | 〃 | 조선지광, 1929. 8, |
| | 〃 | 〃 | 「손톱으로 새긴 노래」의 개작 |
| 석왕산사유 | 〃 | 〃 | |
| 최종야 | 〃 | 〃 | |
| 님을 보내고 | 〃 | 〃 | |
| 가을 | 〃 | 〃 | |
| 웃고 갈라지는 경 | 〃 | 〃 | |
| 절개 | 〃 | 〃 | |
| 시작 | 〃 | 〃 | |
| 뻐꾸기 울면 | 〃 | 〃 | |
| 딸삼형제 | 〃 | 〃 | |
| 달아를 왔소 | 〃 | 〃 | |
| 외기럭이 | 〃 | 〃 | |
| 보름 | 〃 | 〃 | |
| 장승 | 〃 | 〃 | |
| 우리 오빠 | 〃 | 〃 | |
| 해곡 | 〃 | 〃 | |
| 종로네거리 | 〃 | 〃 | 조선일보, 1928. 1. 11, |
| | | | 「종로네거리」의 개작 |
| 뱃사공의 아내 | 〃 | 〃 | |

| 작 품 명 | 게재지 | 연월일 | 비 고 |
|---|---|---|---|
| 경복궁타령 | 시가집 | 1929.10.30. | |
| 우유차 | 신소설 | 1930.1. | |
| 그이 그리워 | 〃 | 〃 | |
| 십사인묘 | 조선지광(89) | 〃 | |
| 사공의 노래 | 삼천리 | 1930.4. | 4월 특대호 |
| 사공의 아내 | 〃 | 〃 | |
| 아리랑 | 〃 | 〃 | |
| 지게꾼 | 〃 | 〃 | |
| 갈매기 | 〃 | 〃 | |
| 시골색시 | 〃 | 〃 | |
| 근조남강선생 | 조선일보 | 1930.5.18. | |
| 꽃의 삼천리 | 해당화 필 때 | 1930. | 삼천리사 간, 김동환 편 가곡집, 원문 미발견 |
| 한강 지키자 | 삼천리 | 1930.7. | |
| 팔월의 바람 | 〃 | 1930.9. | 초추호 |
| 오호, 수재 | 〃 | 〃 | |
| 일광과 자장가 | 대중생활 | 〃 | 원문 미발견 |
| 말을 타고 | 〃 | 〃 | |
| 그사람 | 〃 | 〃 | |
| 기다림 | 〃 | 〃 | |
| 김옥균묘 | 동광(17) | 1931.1. | |
| 목화따는 소녀 | 〃 | 〃 | |
| 불국사의 동백꽃 | 삼천리 | 1931.2. | |
| 청춘 | 〃 | 〃 | |
| 풍년이 왔구나 | 〃 | 〃 | |
| 강남제비(소곡) | 〃 | 1931.3. | |
| 수리개 | 〃 | 1931.7. | |
| 고독의 가을 | 〃 | 1931.9. | |

| 작 품 명 | 게재지 | 연월일 | 비 고 |
|---|---|---|---|
| 기다림 | 삼천리 | 1931.9. | |
| 황혼의 수표교 | 〃 | 〃 | |
| 애원성 | 신여성 | 〃 | 원문 미발견 |
| 백운심 | 삼천리 | 1931.10. | 3주년기념호 |
| 조심 | 〃 | 〃 | |
| 행진 | 〃 | 1931.12. | |
| 나무꾼타령 | 〃 | 〃 | |
| 점심나르기 | 〃 | 〃 | |
| 눈날리는 밤 | 〃 | 〃 | |
| 맹세 | 〃 | 1932.1. | |
| 백두산월 | 신여성 | 1932.3. | 민요시작 2편 |
| 장별리 | 〃 | 〃 | |
| 춘우 | 신생(39) | 〃 | |
| 삼년후 | 〃 | 〃 | |
| 동백꽃 | 신문학선집 | 1932.4. | 삼천리사 간, 김동환 편, 원문 미발견 |
| 아홉 과부 | 여인(창간호) | 1932.6. | 비판사, 원문 미발견 |
| 향불 | 만국부인 | 1932.10. | 창간호 |
| 이땅 위에 둥주리치라 | 삼천리 | 1932.12. | |
| 제야 | 조선일보 | 1932.12.1. | |
| 조(弔) | 신인간 | 1932.12. | 원문 미발견 |
| 봄맞이 | 삼천리 | 1933.3. | |
| 구름 | 색진주 | 1933.4.25. | 활문사 간, 박기혁 편, 비평부 감상동요집 |
| 열여덟의 꿈 | 신여성 | 1933.6. | |
| 옥수수 | 〃 | 〃 | |
| 방아타령 | 5대레코드회사, 대유행신창가집 | 1933.8.20. | 영창서관 간, 발행인 문일 빅타 레코드주식회사 |

| 작 품 명 | 게재지 | 연월일 | 비 고 |
|---|---|---|---|
| | | | 1931.11.6. 단성사 개봉 「방아타령」 영화주제가, 가사지 |
| 실의 | 삼천리 | 1933.10. | |
| 추초 | 〃 | 〃 | |
| 추풍 | 〃 | 〃 | |
| 월광 | 〃 | 〃 | |
| 추천 | 〃 | 〃 | |
| 즉흥시 | 조선문학(4) | 1933.11. | |
| 바람은 남풍 | 삼천리 | 1934.5. | |
| 청년의 노래 | 〃 | 1934.6. | |
| 그리운 제주도 | 〃 | 〃 | |
| 가실 길 막으려 | 〃 | 〃 | 이하 민요 8편 |
| 장한가(창) | 〃 | 〃 | |
| 대동강의 뱃노래 | 〃 | 〃 | |
| 홀로핀 동백꽃 | 〃 | 〃 | |
| 고향의 하늘 | 〃 | 〃 | |
| 금년도 헛 피었소 | 〃 | 〃 | |
| 룸펜의 노래 | 〃 | 〃 | |
| 인생은 30부터(민요) | 조선중앙일보 | 1934.8.28. | |
| 국사당(민요) | 〃 | 〃 | |
| 추야장 | 삼천리 | 1934.9. | |
| 은촉대 | 신인문학 | 〃 | |
| 바다바람 | 개벽(속간호) | 1934.11. | 민요삼제 |
| 약수터 | 〃 | 〃 | |
| 댕기 | 〃 | 〃 | |
| 즉흥시(한시) | 삼천리 | 〃 | 세검정시석에서 |
| 송화강뱃노래 | 〃 | 1935.3. | |

| 작품명 | 게재지 | 연월일 | 비고 |
|---|---|---|---|
| 청노새 | 삼천리 | 1935.3. | |
| 꿈 | 〃 | 〃 | |
| 로맨스 | 〃 | 〃 | |
| 산너머 남촌에는 | 〃 | 〃 | |
| 담바꾸야 | 〃 | 1935.9. | |
| 반월성 | 〃 | 〃 | |
| 한양학생가 | 〃 | 〃 | |
| 방랑가 | 〃 | 〃 | 이상 가요 4편 |
| 님그리는 정 | 〃 | 〃 | |
| 빗 | 〃 | 〃 | |
| 창천유정 | 〃 | 〃 | |
| 불승청원 | 〃 | 〃 | |
| 나의 묘비명 | 〃 | 〃 | |
| 옥퉁소(민요) | 조광(1) | 1935.11. | |
| 첫치마 | 삼천리 | 1935.12. | |
| 그애 나이 | 〃 | 〃 | |
| 귀도 없니 입도 없니 | 〃 | 〃 | |
| 달밤 | 〃 | 〃 | |
| 원두 꽃 필때 | 〃 | 〃 | |
| 달뜨는 것 | 〃 | 〃 | |
| 파랑새 | 〃 | 〃 | |
| 꿈길 | 〃 | 〃 | |
| 귀도 없나 입도 없나 | 〃 | 〃 | 『삼천리』, 1935.12., 「귀도 없니 입도 없니」의 개작 |
| 옥퉁소 | 〃 | 〃 | 『삼천리』, 1935.12., 「옥퉁소」의 개작 |
| 기다림 | 〃 | 1936.4 | |
| 혼잣속 | 〃 | 〃 | |

| 작 품 명 | 게재지 | 연월일 | 비 고 |
|---|---|---|---|
| 구름 | 삼천리 | 1936.6. | |
| 청원4장 | 〃 | 1937.5. | 5월 상순호 |
| 별후 | 삼천리문학(1) | 1938.1. | |
| 해당화도 피기 전에 | 여성(25) | 1938.4. | |
| 진달래 | 여성(39) | 1939.3. | 민요 3편 |
| 댕기 | 〃 | 〃 | |
| 봄소낙비 | 〃 | 〃 | |
| 춘원초 | 조광(42) | 1939.4. | |
| 청원집 | 문장(3) | 〃 | |
| 높은 성에 올라 | 조광(48) | 1939.10. | |
| 목화꽃 날리는 | 〃 | 〃 | |
| 사나이 심정 | 조광(50) | 1939.12. | |
| 춘수 | 문장(14) | 1940.3. | |
| 객수 | 인문평론(6) | 〃 | |
| 능수버들 | 여성(48) | 〃 | 원문 미발견, 「해당화」, 1942. 5.1., 대동아사 간, 김동환 저, 「능수버들」 수록됨 |
| 함박꽃 | 조광(54) | 1940.4. | |
| 삼밭 | 〃 | 〃 | |
| 돌배나무 | 〃 | 〃 | |
| 심화초 | 삼천리 | 1940.5. | |
| 첫여름밤의 꿈 | 〃 | 〃 | |
| 아주까리 동백꽃 | 여성(51) | 1940.6. | |
| 즐거운 세상 | 문장(17) | 1940.7. | 서정시초 |
| 아무도 모르라고 | 〃 | 〃 | |
| 어느 한 분 | 〃 | 〃 | |
| 머언 데 두고도 | 〃 | 〃 | |
| 멀구 송이 | 〃 | 〃 | |

| 작 품 명 | 게재지 | 연월일 | 비 고 |
|---|---|---|---|
| 가슴속엔 | 문장(17) | | |
| 탱자 | 〃 | 1940.7. | |
| 강물이 하도 좋아서 | 〃 | 〃 | |
| 고독 | 삼천리 | 〃 | 서정시집『수심가』에서 |
| 숙명 | 〃 | 〃 | |
| 고운 마음 | 〃 | 〃 | |
| 모두다 받고자 | 〃 | 〃 | |
| 그대 손길 | 〃 | 〃 | |
| 우리 사이에 | 〃 | 〃 | |
| 씨갓이나 | 〃 | 〃 | |
| 생명의 힘 | 〃 | 〃 | |
| 마음의 고향 | 〃 | 〃 | |
| 내 행복 | 〃 | 〃 | |
| 공막(空寞) | 〃 | 〃 | |
| 비원 | 조선일보 | 1940.7.10. | 서정시집『수심가』에서 |
| 탯거리 | 〃 | 〃 | |
| 봉선화 축이는 | 〃 | 〃 | |
| 봉선화씨 | 〃 | 〃 | |
| 원 | 〃 | 〃 | |
| 찾지를 못하고 | 〃 | 〃 | |
| 젊음의 힘 | 〃 | 〃 | |
| 노래부르는 뜻 | 〃 | 〃 | |
| 재촉편지 | 〃 | 1940.7.10. | |
| 기 (희랍적 정열) | 인문평론(11) | 1940.8. | 서정시집『수심가』에서 |
| 천지의 기쁨에 | 〃 | 〃 | 『수심가』는 총독부 검열에 |
| 부엉새 | 〃 | 〃 | 서 책명부터가 민족적 체 |
| 세모래 | 〃 | 〃 | 취를 풍긴다 하여 불허가 |
| 황혼에 | 〃 | 〃 | 의 인이 찍혀져 나옴으로 |

| 작 품 명 | 게재지 | 연월일 | 비 고 |
|---|---|---|---|
| 촌각시 되어 | 인문평론(11) | 1940.8. | 해서『해당화』로 개제하여 |
| 부끄러움 | 〃 | 〃 | 1942년 5월 1일 대동아사에 |
| 버들피리 | 〃 | 〃 | 서 발행됨. |
| 실연 | 〃 | 〃 | |
| 은날개 | 〃 | 〃 | |
| 해당화 | 삼천리 | 1940.9. | |
| 샘물인 양 | 〃 | 〃 | |
| 거문고 안은 이 | 〃 | 〃 | |
| 아끼고 감출 | 〃 | 〃 | |
| 희랍여인 | 〃 | 〃 | |
| 사랑하는 이에게 | 〃 | 〃 | |
| 무현금 | 〃 | 〃 | |
| 하늘이 뜻있는 양 | 〃 | 〃 | |
| 내일날 | 〃 | 〃 | |
| 불 항아리 | 〃 | 〃 | |
| 어떤 사내의「무도회의 수첩」 | 〃 | 〃 | |
| 뜬소문 | 여성(55) | 1940.10. | |
| 포도밭머리 | 삼천리 | 1940.12. | |
| 천 | 〃 | 〃 | |
| 그리움 | 〃 | 〃 | |
| 누베 | 〃 | 〃 | |
| 분두지 | 〃 | 〃 | |
| 새장 둘러메고 | 〃 | 〃 | |
| 샘 | 〃 | 〃 | |
| 부드러운 손길 | 〃 | 〃 | |
| 넋이 | 〃 | 〃 | |
| 별후 | 〃 | 〃 | |
| 이길 끝간 데에 | 〃 | 〃 | |

| 작 품 명 | 게재지 | 연월일 | 비 고 |
|---|---|---|---|
| D양에게 | 삼천리 | 1940.12. | |
| 오솔길 | 〃 | 〃 | |
| 추풍에 부치는 편지 | 〃 | 〃 | |
| B여심에게 | 〃 | 〃 | |
| 낙엽 | 〃 | 〃 | |
| 남선기행 | 〃 | 〃 | |
| 뻐꾹새 우는 마을 | 〃 | 1941.7. | 일문 |
| 해당화 필 때 | 〃 | 1941.9. | |
| 즐거운 우리 가정 | 〃 | 〃 | |
| 임관, 운봉과차 | 대동아 | 1942.3. | 남원기행 |
| 춘향각 앞에서 | 〃 | 〃 | |
| 오작교 지나면서 | 〃 | 〃 | |
| 광한루에 올라 | 〃 | 〃 | |
| 석춘(서시) | 해당화 | 1942.5.1. | 대동아사 간, 김동환 저, 시집 |
| 백사불에 | 〃 | 〃 | |
| 바윗돌 | 〃 | 〃 | |
| 꽃나무 아래서 | 〃 | 〃 | |
| 수양버들 | 〃 | 〃 | |
| 가신 님 | 〃 | 〃 | |
| 얼레빗 | 〃 | 〃 | |
| 성황당 황철나무에 | 〃 | 〃 | |
| 탄실이 | 〃 | 〃 | |
| 님 | 〃 | 〃 | |
| 바람은 남풍 | 〃 | 〃 | |
| 3년후 | 〃 | 〃 | |
| 한양가는 방자 | 〃 | 〃 | |
| 고수머리 탄실이 | 〃 | 〃 | |
| 삼돌이 그 녀석이 | 〃 | 〃 | |

| 작품명 | 게재지 | 연월일 | 비고 |
|---|---|---|---|
| 메뚜기 | 해당화 | 1942.5.1. | |
| 멋쟁이 | 〃 | 〃 | |
| 신라유초 | 〃 | 〃 | |
| 마의태자묘 | 〃 | 〃 | |
| 묘지명 | 〃 | 〃 | 『삼천리』, 1935. 9, 「나의 묘비명」의 개작 |
| 갓신 | 〃 | 〃 | |
| 우리는 칠남매 | 〃 | 〃 | |
| 누나무덤 | 〃 | 〃 | |
| 공회당 | 〃 | 〃 | |
| 약산동대 | 〃 | 〃 | |
| 정든 산천 | 〃 | 〃 | |
| 반월성 | 〃 | 〃 | |
| 봄날의 대동강 | 〃 | 〃 | |
| 그 음성 | 〃 | 〃 | |
| 열정 | 〃 | 〃 | |
| 각시 | 〃 | 〃 | |
| 남설령기행 | 〃 | 〃 | |
| 김옥균 선생의 50년제 | 〃 | 〃 | |
| 여객기 | 〃 | 〃 | |
| 아름다운 '올림피아' | 〃 | 〃 | |
| 망각의 강 | 〃 | 〃 | |
| 밤송이 | 〃 | 〃 | |
| 앞강에 뜬 배는 | 〃 | 〃 | |
| 종달새와 농군 | 〃 | 〃 | |
| 박넝쿨 | 〃 | 〃 | |
| 서풍에 보리이삭이 | 〃 | 〃 | |
| 장안사의 노승 | 〃 | 〃 | |

| 작 품 명 | 게재지 | 연월일 | 비 고 |
|---|---|---|---|
| 그리운 광한루 | 해당화 | 1942.5.1. | |
| 막수 | 〃 | 〃 | |
| 그대 가슴에 | 〃 | 〃 | |
| '그이' | 〃 | 〃 | |
| 어쩌자고 이 발길은 | 〃 | 〃 | |
| 심심산천에 | 〃 | 〃 | |
| 나의 자랑 | 〃 | 〃 | |
| 머슴아이야 | 〃 | 〃 | |
| 들을 찾는 말 | 〃 | 〃 | |
| 민들레 | 〃 | 〃 | |
| 빨간 해당화 | 〃 | 〃 | |
| 흐르는 구름 | 〃 | 〃 | |
| 고담 | 〃 | 〃 | |
| 해당화피는 언덕으로 | 〃 | 〃 | |
| 누나 | 조선동요선집(1) | 1946.4.10. | 신성문학사 간, 정태병 편 |
| 추석날 | 〃 | 〃 | |
| 수표교에 서서 | 삼천리속간(2) | 1948.6. | |
| 님 | 〃 | 〃 | |
| 또 | 〃 | 〃 | |
| 소생의 노래 | 〃 | 〃 | |
| 북악에 올라(파인시초) | 삼천리속간(3) | 1948.7. | |
| 고구려에의 꿈길(파인시초) | 삼천리속간(4) | 1948.8. | |
| 살아지이다(파인시초) | 삼천리속간(5) | 1948.9. | |
| 오월의 하늘이 열리면 | 돌아온 날개 | 1962.3.30. | 종로서관 간, 김동환 저, 유고 시집 |
| 꿀벌 한 통을 | 〃 | 〃 | |
| 우리 만나던 시절이 | 〃 | 〃 | |
| 꽃밭에 들거든 | 〃 | 〃 | |

| 작 품 명 | 게재지 | 연월일 | 비 고 |
|---|---|---|---|
| 우물치기 | 돌아온 날개 | 1962.3.30. | |
| 즐거운 전원 | 〃 | 〃 | |
| 패랭이꽃 | 〃 | 〃 | |
| 호박북 | 〃 | 〃 | |
| 기경 | 〃 | 〃 | |
| 마초 | 〃 | 〃 | |
| 옥수수 | 〃 | 〃 | |
| 보리 가슬 | 〃 | 〃 | |
| 동구 앞에 섰노라면 | 〃 | 〃 | |
| 산가초 | 〃 | 〃 | |
| 님에게, 님을 위하여, 님때문에 | 〃 | 〃 | |
| 그리운 서울거리 | 〃 | 〃 | |
| 영월기행 | 〃 | 〃 | |
| 봉과 닭 | 〃 | 〃 | |
| 지열 | 〃 | 〃 | |
| 오늘은 몰려가나 | 〃 | 〃 | |
| 소나기 | 〃 | 〃 | |
| 문 | 〃 | 〃 | |
| 길을 잃어서 | 〃 | 〃 | |
| 진실이 없는 곳에 | 〃 | 〃 | |
| 풀 이파리 하나라도 | 〃 | 〃 | |
| 용 | 〃 | 〃 | |
| 돌아온 날개 | 〃 | 〃 | |
| 가신 님 | 〃 | 〃 | |
| 도산선생 | 〃 | 〃 | |
| 무명 전사의 앞에 | 〃 | 〃 | |
| 여덟 각시 | 〃 | 〃 | |

| 작품명 | 게재지 | 연월일 | 비 고 |
|---|---|---|---|
| 33인의 송가 | 돌아온 날개 | 1962.3.30. | |
| 시절도 저러하니 | 〃 | 〃 | 이하 시조 연구(連句) |
| 산은 옛산이로되 | 〃 | 〃 | |
| 이몸이 죽고죽어 | 〃 | 〃 | |
| 솔이 | 〃 | 〃 | |
| 바람에 휘었노라 | 〃 | 〃 | |
| 한산섬 달 밝은 밤에 | 〃 | 〃 | |
| 청산리 벽계수야 | 〃 | 〃 | |
| 검으면 희다하고 | 〃 | 〃 | |
| 흥망이 유수하니 | 〃 | 〃 | |
| 이런들 어떠하리 | 〃 | 〃 | |
| 동창이 밝았느냐 | 〃 | 〃 | |
| 꿈에 뵈는 님이 | 〃 | 〃 | |
| 내마음 비어내어 | 〃 | 〃 | |
| 삭풍은 나무 끝에 | 〃 | 〃 | |
| 오백년 도읍지를 | 〃 | 〃 | |
| 철령 높은 고개 | 〃 | 〃 | |

3. 연구자료

▶ 참고 서지

김기림, 「김동환론」, 『동광』 35호, 1932. 7.
김영식, 『아버지 파인 김동환』, 국학자료원, 1994.
＿＿＿(편), 『파인 김동환 전집』, 국학자료원, 1995.
＿＿＿, 『파인 김동환 문학 연구』 1, 논문자료사, 1998.
＿＿＿, 『언론인 파인 김동환 연구』 15, 신성출판사, 2000.
김용직, 「근대 서사시의 형성과 그 성격」, 임형택·최원식(편), 『한국근대 문학사론』, 한길사 1982.
＿＿＿, 「김동환」, 『현대 경향시 비판』, 느티나무, 1991.

김우창,『궁핍한 시대의 시인』, 민음사, 1978.
김윤식,『한국근대문예비평사연구』, 일지사, 1982.
김재홍,「김동환, 서사적 저항과 순응주의」,『한국현대시인연구』, 일지사, 1986.
김종철,「자기객관화와 향수 ── 시작품론」,『문학사상』, 1975. 3.
_____,『시와 역사적 상상력』, 문학과지성사, 1978.
김흥규,『문학과 역사적 인간』, 창작과비평사, 1980.
박경수,「1920년대 민요시론과 그 시사적 성격」, 한국정신문화연구원 석사학위논문, 1982.
신범순,「국경의 밤의 서사적 극적 형식과 신파극적 요소」,『한국현대시사의 매듭과 혼』, 민지사, 1992.
염무웅,「서사시의 가능성과 문제점」,『한국문학의 현단계』, 창작과비평사, 1981.
오세영,「〈국경의 밤〉과 서사시의 문제」,『국어국문학』제75집, 1977.
_____,「김동환의 시와 시론」, 충남대 인문과학연구소 논문집, 1977.
_____,「역사로부터의 도피」,『세계의 문학』, 1977. 여름.
_____,『한국 낭만주의 시 연구』, 일지사, 1980.
윤여탁,「현대시의 기점 문제 ── 프로시를 중심으로」,『시의 논리와 서정시의 역사』, 태학사, 1995.
이동하,「김동환의 서사시에 대한 한 고찰」, 가라문화 제3호, 1985.
이병헌,「김동환 연구」, 고려대 대학원 석사논문, 1984.
임종국,『친일문학론』, 평화출판사, 1966.
임 화,『문학의 논리』, 학예사, 1940.
장부일,「김동환의 현실 변용」,『한국현대시사연구』, 민음사, 1983.
조남현,「김동환의 서사시에 대한 연구」, 건국대 인문과학논총 제11집, 1978.
_____,「파인 김동환론」,『국어국문학』제75집, 1977.
조동일,『한국문학통사』 5, 지식산업사, 1988.

# 세계 작가 탐구 〔한국편〕

## 김 우 진 〔001〕

수산 김우진 하면 '윤심덕과 연애 끝에 동반자살한 호남 부호의 아들' 정도로 인식하는 것이 고작이었다. 그러나 과연 수산은 시대를 망각한 유한청년이었고, 그들의 연애는 사회를 망각한 낭만주의 사랑이었던가?

서연호 저/신국판/188면/6,000원

## 황 순 원 〔002〕

한국 현대문학사의 중심에서 영욕의 세월을 묵묵히 지켜보아 온 선비 작가 황순원. 그의 문단 데뷔 후 오늘에 이르기까지의 70년 창작 생활의 고고한 문학가의 외길을 되짚어 보고, 그의 작품의 개괄적인 분석을 통한 작가 정신을 엿볼 수 있다.

송현호 저/신국판/170면/6,000원

## 유 치 환 〔003〕

시는 인간을 더욱 인간답게 하고 사물을 더욱 사물답게 하는 우주의 정신. 특히 청마의 그것처럼 깊은 사색과 통렬한 자기 성찰로 쓰여진 시라면 두말할 나위가 없다. 사랑·생명·사회에 관한 그의 시를 통해 이 시대의 우리들의 모습을 찾을 수 있지 않을까.

오세영 저/신국판/240면/8,000원

## 신 석 정 〔004〕

우리 근대 시문학사에서 순수 서정시의 이론과 실제를 보여주었던 『시문학』 동인으로 이들의 지향과 비슷한 시를 썼던 신석정. 일제 강점기 말기에는 암울한 민족의 현실을 슬픈 눈으로 바라보던 신석정. 해방 이후 현대사의 질곡 속에서 생활의 시를 썼던 신석정. 1960년대 이후에는 독재 정권에 맞서 지조와 비판 정신을 강조하던 신석정. 이것이 신석정의 삶이었고, 문학이었다.

윤여탁 저/신국판/144면/6,000원

## 노 천 명 〔005〕

사슴처럼 고고했던 노천명의 자존의 일생은 생의 참담한 고비를 넘기면서도 서정의 절도를 잃지 않는 여성시로서는 보기 드문 절제의 미학을 수립한 선구적 여성 시인의 영광을 보이기도 했지만, 남성 중심의 사회 속에서 풍문과 선입견과 편견의 피해를 입은 여성 문인으로서의 취약성을 보이기도 했다. 미모의 독신 여성이라는 점, 성격이 깔끔하고 6·25 전쟁중 부역 활동을 했다는 점 등이 사회적 편견과 냉대의 근거로 작용하였던 노천명 문학을 바야흐로 이 시대에는 그 어떠한 풍문이나 선입견에도 얽매이지 않고 올바로 이해하려는 자세로 접근해 가야 할 것이다.

이숭원 저/신국판/178면/6,000원

## 박 인 환 〔006〕

1950년대 한국 문학사의 뒤안길에서 숱한 화제와 풍문들을 뿌려 한국 문학의 신화를 잉태했던 박인환, 그의 삶 자체가 하나의 전설이고 문학적 허구였다.

명동 백작, 문단의 게릴라, 앙팡 테리블······. 박인환에게 따라다니는 수식어들 속에 숨어 있는 그의 전설과 문학의 비밀을 파헤쳐서 박인환이 진정 꿈꿨던 이카로스의 정체성을 밝혀 보고자 이 책은 그의 삶과 문학을 충실하게 복원코자 했다.

김영철 저/신국판/218면/7,000원

## 김광균 [007]

1930년대 한국 모더니즘 시라는 거시적인 테두리 내에서 조망해 볼 때 김광균이 차지하는 위상은 절대적이며 확고부동한 것인 만큼 그가 남긴 발자취는 구인회 회원인 시인 김기림, 정지용, 그리고 이상 등의 이름과 더불어 영원히 기억되어야 할 것이다. 그런 자세야말로 우리 현대 문학사의 가장 빛나는 순금 부분이라 할 수 있는 1930년대 이 땅의 모더니즘 시문학을 실제 창작 활동 면에서 주도하였던 거장 김광균에 대한 후학으로서의 최소한의 예의일 것이기 때문이다.

김유중 저/신국판/186면/6,000원

## 한용운 [008]

21세기 아시아의 새로운 황금시대에 한국이 그 주인공이 될 것인가 아닌가는 이제 전적으로 우리 모두의 선택에 달려 있다. 한용운은 비록 식민지하의 조선이라는 최악의 시대를 살다 갔지만 그는 민족 정신사의 황금 부분을 꽃피우고 갔다. 혁명에 실패한 그가 좌절의 아픔도 사랑의 노래로 승화시켜 그 아우라가 찬연하다.

이제 다음 세대에게 그리고 그 다음 세대에게 새로운 임무가 주어진 것이다. 이 책이 그렇게 이어갈 오늘의 세대에게 조금이나마 새로운 자기 각성의 계기가 되었으면 하는 것이 조그만 바람이다.

최동호 저/신국판/242면/8,000원

## 김동환 [009]

김동환의 생애와 문학을 통해서 그보다 더 큰 자리를 차지한 사람들을 통해서 볼 수 없었던 우리 근대 문학사의 또 다른 허실들과 미세한 틈들을 들여다볼 수 있을 것이다.

그와 관련된 단편적인 지식과 정보들이 그저 반짝이는 유리조각에 지나지 않는 것이라면, 그것들을 다듬고 체계화함으로써 우리는 우리 근대 문학사, 혹은 한 걸음 더 나아가서 우리의 근대사를 좀더 깊숙하게 들여다볼 수 있는 선명한 렌즈를 확보할 수도 있는 것이다.

오성호 저/신국판/226면/7,000원